Lars A. Fischinger

Der Blick ins Jenseits

Lars A. Fischinger

Der Blick ins Jenseits

Was wir über
das Leben nach dem Tode
wissen

KAILASH

In Dankbarkeit und Liebe Birgit Dahms gewidmet.

Bibliografische Information der Deutschen Bibliothek:
Die Deutsche Bibliothek verzeichnet diese Publikation
in der Deutschen Nationalbibliografie; detaillierte
bibliografische Daten sind im Internet über
http://dnb.ddb.de abrufbar.

Umschlaggestaltung: 'Werkstatt München / Weiss · Zembsch
Redaktion: Barbara Imgrund, Heidelberg
Produktion: Ortrud Müller
Satz: EDV-Fotosatz Huber / Verlagsservice G. Pfeifer, Germering
Druck und Bindung: GGP Media, Pößneck
Printed in Germany 2003

ISBN 3-7205-2478-7

Inhalt

Vorwort

Seit undenklichen Zeiten bewegt uns Menschen die Frage: Was wird mit uns geschehen, wenn wir gestorben sind? Zerfallen wir einfach zu Staub oder geht unsere Seele „danach" in andere Dimensionen des Seins ein?

Über zehn Jahre lang habe ich mich im Zuge dieser Fragen mit so unterschiedlichen Themen wie Nahtoderlebnissen, Geister- und Spukphänomenen, Transkommunikationen, Reinkarnationsforschungen, Prophezeiungen und anderen paranormalen Erscheinungen auseinander gesetzt und aus eigenem Erleben erfahren, wie schwierig, zeitaufwändig und zumeist wenig erfolgreich die Beschäftigung mit der Parapsychologie letztlich ist.

Denn diese oft beargwöhnte Disziplin stellt ein Sammelsurium von wirren Ideen, Scharlatanerie, Fakten und ernsthaften Forschungen dar, sodass es schwer fällt, den roten Faden nicht aus den Augen zu verlieren. Und doch spricht im Verlauf näherer Analysen immer mehr für folgende These: Der Mensch ist *nicht* an seinen Körper gebunden – das Leben stellt vielmehr eine Vorstufe zu einem Leben im Jenseits in einer anderen, fremden und höheren Dimension dar. Das menschliche Bewusstsein stirbt also nicht beim Tod der körperlichen Hülle „mit", sondern lebt weiter. Es kann sogar von „jenseits" in die Welt der Lebenden eindringen und

Kontakt mit uns aufnehmen. Mit einem Wort: Unsere Welt, wie wir sie wahrnehmen, ist nur die Spitze einer Realität, deren Tiefe wir bisher nur erahnen können.

In diesem Band werden Phänomene und Berichte analysiert, diskutiert und verglichen, die die Hypothese nahe legen, dass wir alle „unsterblich" sind. Damit einher geht die Annahme, dass es in bzw. neben unserer Welt eine Welt geben muss, die sich auf einer höherdimensionalen Ebene des Seins befindet. Diese „Überwelt" ist die Welt der Geister, des so genannten Paranormalen – und auch der UFOs. Denn die Phänomene der Nahtoderfahrungen und Geistererscheinungen weisen überraschende Parallelen zum ebenso undurchsichtigen UFO-Entführungsphänomen auf. Menschen, die angaben, sie seien gegen ihren Willen von Außerirdischen verschleppt worden, berichten von Erlebnissen, die zum Teil jenen frappierend ähneln, wie sie auch Personen mit Nahtoderfahrungen machten. Was mag dies zu bedeuten haben? Sind also Nahtoderfahrungen und Entführungen durch angebliche Aliens ein und dasselbe?

Und noch ein unerklärliches Phänomen hat im Laufe der Geschichte immer wieder von sich reden gemacht: Prophezeiungen und Vorhersagen, die zukünftige Dinge und Ereignisse betreffen. Gewisse Personen oder Medien wollen in der Lage sein, Geschehnisse bewusst oder unbewusst zu „schauen", die später dann tatsächlich so eintreten. In Indien existieren gar ganze Sammlungen von Texten, die so genannten Palmblattbibliotheken, die angeblich das Schicksal all jener Menschen beinhalten, die irgendwann einmal diese „Bibliotheken" besuchen werden. Dies wiederum wirft die Frage auf, ob das Leben des Menschen vor dem Tod also vorherbestimmt ist. Können wir gar nichts gegen den Verlauf unseres Lebens unternehmen?

Und wie steht es mit der Wiedergeburt? Ist sie überhaupt mit dem Glauben vereinbar, der Mensch ziehe nach seinem Tod ins „Jenseits" ein? Sind die Berichte über Menschen, die angebliche Beweise für frühere Leben haben, ernst zu nehmen und wenn ja – wie hat man sich eine Wiedergeburt vorzustellen?

Die Welt der Toten scheint mithin ebenso faszinierend zu sein, wie es die Welt der Lebenden ist. Beide Welten existieren nebeneinander, doch nicht ohne irgendeine Verbindung – vielmehr scheint einiges dafür zu sprechen, dass die „von drüben" durchaus imstande sind, auf uns Menschen Einfluss zu nehmen. Das glauben Sie nicht? Nun, dann lassen Sie sich eines Besseren belehren. Folgen Sie uns in das geheimnisvolle Universum zwischen Leben und Tod, zwischen Parapsychologie und anderen unerklärlichen Phänomenen der Welt. Es ist ein Universum der ungeahnten Realitäten. Und die Tür dorthinein steht schon einen Spaltbreit offen ...

Lars A. Fischinger
Frühjahr 2003

Was kommt „danach"?

Im Unterschied zu den Tieren ist sich der Mensch seit vielen Jahrtausenden seiner selbst bewusst – dank dieser einmaligen Eigenart wird er immerhin als intelligentes Wesen bezeichnet. So konnte es auch nicht ausbleiben, dass die Menschheit im Zuge dieser „Intelligentwerdung" mit dem Tod in Berührung kam: Denn jedes Lebewesen muss schließlich auch einmal sterben. Irgendwann im Laufe der Geschichte müssen die Hinterbliebenen eines Verstorbenen also angefangen haben, sich Gedanken darüber zu machen, wohin die Persönlichkeit, die *Seele* des jeweiligen Menschen wohl gegangen sein mochte.

Die Erkenntnis des eigenen Ich war aber auch die Geburtsstunde der religiösen Vorstellungen und der Religionen und Kulte an sich. Der intelligente Mensch versuchte nicht nur, seine Umwelt mittels religiöser und philosophischer Weltanschauungen besser zu verstehen, sondern er befasste sich auch mit dem Tod und dem Sterben in seiner Umgebung.

Der Tod war und ist ebenso allgegenwärtig wie die Geburt und das Leben. Bei der Entstehung der ersten religiösen Systeme der Menschheit wurde bereits über den Tod nachgedacht. So beispielsweise ist bekannt, dass spätestens die Neandertaler ihre Verstorbenen bestatteten.[1] Dies beweist, dass unsere Ahnen schon da-

11

mals der Überzeugung waren, der menschliche Körper fungiere nur als „Hülle" für die Seele und der Mensch selbst, sein Geist, existiere nach dem Ableben in irgendeiner Form weiter.

Wir wissen nicht, was unsere Vorfahren dazu veranlasste, ihre Toten zu bestatten. Wir wissen nur, dass sich dieser Brauch parallel zur Entstehung des menschlichen Selbstbewusstseins herausbildete: Damals wurde unseren Vorfahren klar, dass jeder auf der Erde einzigartig ist, dass jeder eine Persönlichkeit hat und ein Lebewesen ist, das für sich selbst die Verantwortung trägt.

Dieser Glaube lässt sich schon sehr früh durch Beerdigungsrituale und Grabbeigaben in Form von Blumen, Werkzeug oder den eigenen Habseligkeiten nachweisen. Zuweilen wurden die Dahingeschiedenen sogar ehrfurchtsvoll mit rotem Ocker eingerieben, um ihnen so eine lebendige Farbe wiederzugeben.[2]

Das Leben nach dem Tod aus religiöser Sicht

Auch die Weltreligionen postulierten später eine Fortexistenz nach dem Tod: Die Annahme, dass der Mensch lediglich für eine gewisse Zeitspanne auf der Erde lebt und danach in irgendeiner Form weiter existiert, ist in allen Glaubenssystemen verankert. Die religiösen Ansichten über dieses Leben nach dem Leben gehen jedoch auseinander. So sind zum Beispiel die Christen der Überzeugung, dass am Ende des Lebens der Einzug ins Paradies oder – bei einer Lebensweise, die der Philosophie des Christentums widerspricht – die Hölle bevorsteht.[3]

Auch wenn sich heute viele Katholiken und Protestanten von der Kirche und ihren Lehren abwenden, wie zahllose Umfragen belegen, ist doch der Glaube an ein Leben nach dem Tod in der Bevölkerung nach wie vor sehr stark. Nach einer im Magazin *Focus* 1999 veröffentlichten Umfrage gaben zum Beispiel 50 Prozent an, sie glaubten an ein Weiterleben nach dem Tod; 22 Prozent behaupteten indes, es gebe keine Hölle, während wiederum 79 Prozent (!) der Bevölkerung Schutzengel für existent hielten.[4] Es scheint also, als wolle der Mensch nach seinem Ende auf Erden lieber in den Himmel als in die Hölle und lehne aus diesem Grund den Höllenglauben rundweg ab ...

Andere Religionen wie etwa die östlichen Gemeinschaften sind der Auffassung, dass das jetzige Leben nur eines in einer ganzen Kette von Leben ist. So meinen die Gläubigen der hinduistischen Religionen, dass man in diesem Leben seine Fehler aus dem vorherigen „revidieren" muss und dass eventuell nach dem jetzigen Leben erneut eines folgen wird. Dies entspricht dem Glauben an die Wiedergeburt, die Reinkarnation.

Der Hinduismus oder Brahmanismus, der sich im ersten Jahrtausend v. Chr. in Indien herauszubilden begann, wird vor allem von der Vorstellung geprägt, das Leben des Menschen sei durch das so genannte Karma bestimmt. Dies ist zugleich auch ein zentrales Dogma aller religiösen Gruppen in Indien. Sie lehren, dass der Mensch eine Seelenwanderung im Laufe der Zeit durchlebt. Der einzelne religiöse Mensch muss sich in seinem jeweiligen Leben durch gute Taten und ebenso gute Verhaltensweisen eine zukünftige Wiedergeburt sichern, die einer „höheren Stufe" der aktuellen Existenz entspricht. Dieses System von Leben, Tod und Wiedergeburt kann laut den indischen Veden-Religionen durchaus Jahrtausende dauern. Am Ende dieser Kette steht jedoch eine Aufnahme in die Gefilde der göttlichen Wesen, eine Art „Paradies".

Besonders in diesem letzten Punkt unterscheiden sich die Vorstellungen der einzelnen Religionen und deren abgesplitterten Sekten und Untergruppen voneinander. So meinen die einen, dass der Mensch am Ende der Periode von Wiedergeburt und Tod tatsächlich – eine entsprechende untadelige Lebensweise vorausgesetzt – zu den Göttern in den Himmel aufsteigen und dort in glückseliger Vollkommenheit in einem Reich des Wohlbefindens existieren wird. Andere religiöse Systeme wie zum Beispiel der Panentheismus sind der Auffassung, dass der Mensch am Ende seiner Reise durch die irdischen Zeiten in Gott selbst eingehen wird, also ein Teil des Schöpfers selbst wird.[5]

Der Reinkarnationsglaube der vedischen Religionen wird besonders an der Institution des tibetischen Dalai-Lama deutlich. Der Dalai-Lama, das Oberhaupt des tibetischen Buddhismus, ist einem zyklischen Wandel von Wiedergeburt und Tod unterworfen – wie jeder Mensch – und soll derzeit in seiner 14. Inkarnation leben. Nach dem Tod des jetzigen Dalai-Lama werden sich ausgewählte religiöse Persönlichkeiten in alle Teile der Welt aufmachen, um die neue Inkarnation des Dalai-Lama zu suchen – was Jahre dauern kann. Die

Würdenträger müssen dabei zahllose Kinder in Augenschein nehmen. Bestimmte Körpermerkmale des Kindes wie etwa angeborene Narben oder Muttermale gelten neben ausführlichen Befragungen als wichtiger Bestandteil der Zeremonie. Tatsächlich soll der aktuelle Dalai-Lama als Dreijähriger bei seiner Auffindung bestimmte Gegenstände seines Vorgängers – also Dinge, die er selbst nach dem Reinkarnationsglauben besessen haben soll – eindeutig erkannt und benannt haben.

Auch verkleidete sich einer der Lamas und wurde dennoch von dem Jungen erkannt und mit „Lama! Lama!" begrüßt, obwohl dieses Wort im Dialekt des Jungen nicht existierte.[6] Besonders die Tatsache, dass die buddhistischen Mönche glauben, anhand von Körpernarben die Inkarnation des Dalai-Lama nachweisen zu können, ist auch für die westliche Jenseitsforschung von Interesse: So versuchte Professor Dr. Ian Stevenson von der University of Virginia 1997 – nach rund 30 Jahren Forschung – in seinem Buch *Where Reincarnation an Biology Intersect* zu belegen, dass Muttermale und Ähnliches auf Verletzungen in früheren Leben zurückzuführen seien.

Das Christentum unterscheidet sich von den vedischen Religionsgemeinschaften und deren Reinkarnationsglauben grundlegend. Während die östlichen Glaubensanschauungen über ein Leben nach dem Tod davon ausgehen, dass der Mensch bis zur Erfüllung der Vollkommenheit in oder bei Gott eine Art „Reisender" ist, lehrt das christliche Dogma, dass der Mensch nach dem Ende vor einem Gericht stehen wird. Dasselbe wird uns später auch in der altägyptischen Religion begegnen.

Das Christentum geht davon aus, dass der Mensch nach seinem Leben hier auf Erden entweder in die Hölle oder in den so genannten Himmel – ins „Paradies" – kommen wird. Dies richtet sich nach den Taten und der Glaubensqualität des Einzelnen. Der katholische Katechismus beschreibt das Leben als eine „Pilgerschaft", die die Auferstehung zum Ziel hat. Es heißt, dass der Mensch sich im Laufe seines Lebens an die von Gott vorgegebenen „Pläne" halten muss und Abweichungen nach dem Tod mit endlosen Qualen in der Hölle geahndet werden:

> Der Tod ist das Ende der irdischen Pilgerschaft des Menschen, der Zeit der Gnade und des Erbarmens, die Gott ihm bietet, um sein Erdenleben nach dem Plane Gottes zu leben und über sein letztes Schicksal zu entscheiden. „Wenn unser einmaliger irdischer Lebenslauf erfüllt ist" [...], kehren wir nicht mehr zurück, um noch weitere Male auf Erden zu leben. [...] Nach dem Tod gibt es keine „Reinkarnation".[7]

Der Standpunkt der christlichen Welt ist folgerichtig klar: Jeder Mensch hat nur *ein* Leben. Nach dem Tod aber wird er auferstehen – das hat uns Jesus Christus vorgemacht, indem er uns „den Himmel öffnete". Auffällig ist, dass die Kirche ein religiöses Denksystem über das Leben nach dem Tod entwickelt hat, das vor allem mit negativen bzw. erschreckenden Szenarien aufwartet. So wird der Tod des Menschen zwar als natürlicher Prozess angesehen und auch mit dem Ableben von Tieren und Pflanzen verglichen, aber nach dem Tod findet sich die Seele des Menschen an einer Schwelle zwischen Himmel und Hölle wieder. Das Christentum ist der Überzeugung, dass ein Mensch, der ganz im Sinne göttlicher und gnadenreicher Lehren und Gebote hier auf Erden lebte, in den Himmel aufsteigen und sich dort in ewiger Glückseligkeit in den Reihen der Heiligen bei Jesus Christus und natürlich Gott wiederfinden wird.[8]

Der Gegenpol dazu ist die Hölle, die Unterwelt des Satans und des Bösen schlechthin, in die alle Verstorbenen „hinabfahren", die zu Lebzeiten nicht im Sinne der göttlichen Vorschriften handelten. Höllenvorstellungen waren in der Vergangenheit, besonders im Mittelalter, weit verbreitet. Die Kirche betrachtete sie als wirksames Hilfsmittel, um vermeintlich von Gott entfremdete Menschen auf den „rechten Weg" zurückzuführen.

Die dritte wichtige Lehre des Christentums über die Ereignisse nach dem Tod ist das Purgatorium, das „Fegefeuer". Dogmatische Überlegungen, die vor allem auf den Konzilen von Florenz und Trient von der kirchlichen Obrigkeit formuliert wurden, sprechen davon, dass ein Mensch, der „in der Gnade und Freundschaft Gottes stirbt, aber noch nicht vollkommen geläutert ist", sich zwar bereits des „ewigen Heils" sicher sein kann, aber vor dem Einzug in den Himmel noch einer Läuterung bedarf, die ihm „Heiligkeit" verschafft.[9]

Der Verstorbene, der sich zu Lebzeiten kleinere Sünden auflud, welche in den Augen Gottes jedoch noch keine „ewige" Verdammnis in der Hölle rechtfertigen, muss im Fegefeuer eine Reinigung von diesen Missetaten über sich ergehen lassen. Erst dann ist seine Seele geläutert und vom Heiligen Geist erfüllt, sodass sie ins ersehnte Paradies aufsteigen kann.

Die christliche Vorstellungswelt über das, was mit einem Menschen nach dem Tod geschieht, belegt in ihrem Kern eine sehr einfache Aussage: Der „gute" und vor allem im Sinne göttlicher Vorsehungen und Gebote handelnde Mensch wird im Paradies auferstehen. Jene Menschen aber, die auf Erden Gott und den Heiligen Geist sowie die Lehren und Dogmen der Kirche verschmähten und schwer sündigten, sind hingegen der ewigen Verdammnis der Hölle verfallen. Der „durchschnittliche Mensch" wiederum kann über den Umweg durch ein Fegefeuer doch noch in den Himmel gelangen.

Eine solche Vorstellung beruht auf dem biblischen Glauben, dass Gott das „Gute" in der Welt ist und dem Guten selbstverständlich auch das „Böse" gegenüberstehen muss – und zwar in Gestalt des Satans oder Teufels. Dieser Glaube wurde ausgehend von biblischen Texten und Äußerungen Jesu Christi aus dem Neuen Testament auch auf die Welt nach dem irdischen Tod übertragen. Dabei stellte man sich etwa die Hölle durchaus plastisch als Ort unvorstellbarer Schrecken und Qualen vor, wie mittelalterliche Darstellungen und literarische Schilderungen eindrücklich belegen. Unnötig zu bemerken, dass sich darin lediglich die Vorstellungen von der ewigen Verdammnis des jeweiligen Künstlers widerspiegeln.

Ganz im Gegensatz zu den östlichen Religionen ist das Christentum der Überzeugung, der Mensch habe nur eine einzige Chance, um mit Gott und der himmlischen Welt eins zu werden. Bei genauerem Hinsehen und eingehender Beschäftigung mit dem frühen Christentum lässt sich allerdings Erstaunliches feststellen: Die im Laufe der Jahrhunderte entstandenen Dogmen, die alle anderen religiösen Meinungen mit einem „Kirchenbann" belegen, verfälschten die religiösen Anschauungen der ersten Kirchenlehrer nach Christus.

Eine der herausragenden Personen urchristlicher Glaubensvorstellungen war zweifelsfrei Origenes von Alexandria (185–254 n. Chr.), der zu Lebzeiten rund 2000 Schriften verfasste. Dieser glaubensstarke Kirchenmann war felsenfest von der Reinkarnation überzeugt, ebenso wie zahlreiche weitere frühchristliche Theologen, Philosophen und Kirchenväter – darunter Justinus der Märtyrer (100–165), Tatian (zweites Jahrhundert n. Chr.), Clemens von Alexandria (150–214), Gregorios von Nyssa (334–395), Bischof Nemesios von Emesa (400–450), der heilige Augustinus (354–430) und Hieronymus (um 347–419/20).

Diese erstaunliche Tatsache lässt sich mit den bekannten Schriften und „prädogmatischen" Texten der frühen Theologen beweisen. So beispielsweise schrieb Origenes in *De principiis*:

Wenn man wissen will, weshalb die menschliche Seele das eine Mal dem Guten gehorcht, das andere Mal dem Bösen, so hat man die Ursache in einem Leben zu suchen, das dem jetzigen Leben voranging. Jeder von uns eilt der Vollkommenheit durch eine Aufeinanderfolge von Lebensläufen zu. Wir sind gebunden, stets neue und stets bessere Lebensläufe zu führen, sei es auf Erden, sei es in anderen Welten. Unsere Hingabe an Gott, die uns von allem Übel reinigt, bedeutet das Ende der Wiedergeburt.[10]

Diese Äußerung eines der bekanntesten Kirchenlehrer des Christentums lässt eine unverkennbare Verwandtschaft zum buddhistischen Glauben erkennen. Sie besagt nichts anderes, als dass der Mensch bzw. seine Seele auf einer stetigen Wanderung hin zur Perfektion und damit zu Gott selbst ist.

Auch Hieronymus, der als Erster die Bibel ins Lateinische übertrug (*Vulgata* genannt) und noch heute als einer der größten Vordenker des Christentums gilt, schreibt in seinen *Epistulae*:

Alle körperlosen und unsichtbaren vernünftigen Geschöpfe gleiten, wenn sie in Nachlässigkeit verfallen, allmählich auf niedere Stufen herab und nehmen Körper an je nach Art der Orte, zu denen sie herabsinken: zum Beispiel erst aus Äther, dann aus Luft, und wenn sie in die Nähe der Erde kommen, umgeben sie sich mit noch dichteren Körpern, um schließlich an menschliches Fleisch gefesselt zu werden [...] Dabei wechselt der Mensch seinen Körper ebenso oft, wie er seinen Wohnsitz beim Abstieg vom Himmel zur Erde wechselt.[11]

Diese Lehre von einer „Vorseele", also der Existenz der Seele vor der Entstehung oder Geburt des Menschen auf der Erde, wird heute durch verschiedene christliche Dogmen als Fehlglaube ausgewiesen. Dies ist vor allem dem byzantinischen Kaiser Justinian I. (reg. 527–565) zu verdanken, der im Jahr 543 in Konstantinopel eine Synode der Ostkirche einberief, um den Reinkarnationsglauben an eine Seele, die Wanderungen durch verschiedene Welten bzw. Sphären durchlebt, auszumerzen. So belegte er jeden, der daran glaubte, mit einem „Bannfluch" – übrigens eine typische Vorgehensweise in der Kirchengeschichte:

> Wenn einer sagt oder meint, die Seelen der Menschen seien präexistent gewesen, insofern sie früher Geistwesen und heilige Mächte gewesen seien, es habe sie aber Überdruß ergriffen an der Schau Gottes und sie hätten sich zum Schlechten gewendet [...] und seien zur Strafe in Körper hinabgeschickt worden – der sei *anathema* [verflucht].[12]

Doch damit nicht genug: Kaiser Justinian I. rief im Jahr 553 das 5. Ökumenische Konzil zu Konstantinopel ein, auf dem den Christen endgültig der Reinkarnationsglaube verboten werden sollte. Interessanterweise weigerte sich der damalige Papst Vigilius (reg. 537–555), an diesem Konzil teilzunehmen; den Vorsitz übernahm deshalb der Patriarch Eutychius (der nur wenige Bischöfe der Westkirche einlud). Da der Papst im Anschluss an das Konzil die dort beschlossenen Dogmen nicht akzeptieren wollte, drohte ihm der Kaiser (!) sogar mit der Exkommunikation. Und siehe da: Papst Vigilius unterzeichnete vier Monate nach dem Konzil, am 8. Dezember 553, schließlich doch noch die Beschlüsse.

Diese Vorgänge verdeutlichen, dass das frühe Christentum noch von einer Seelenwanderung überzeugt war. Auch das Judentum ist in dieser Hinsicht für uns von Interesse, denn auch dort existiert die Vorstellung von der Wiedergeburt. In dem Internetartikel *Eine Reinkarnation wirbelt Staub auf*[13] wurde beispielsweise behauptet, dass die Mehrheit der Juden nicht an eine Reinkarnation glaube; dagegen nahm David Schweizer, Präsident der Zionistischen Vereinigung Basel, in seinem interessanten Leserbrief *Reinkarnation im Judentum anerkannt* wie folgt Stellung: „Die Wiederverkörperung (Gilgul) ist im religiösen Judentum weitgehend anerkannt. Für die chassidischen Juden ist der Glaube an Reinkarnation ein zentrales Element ihres religiösen Selbstverständnisses."

Schweizer berichtet weiter, dass die Juden von der Wiedergeburt der unter dem Naziregime ermordeten Juden überzeugt seien; einige Glaubensbrüder verträten sogar die Meinung, Anne Frank sei im Körper einer gewissen Barbro Karlén wiedergekehrt. Über die Meinung einiger jüdischer Kreise, die im Zuge des Holocaust ermordeten Juden seien „ewig tot", schreibt Schweizer: „Aus den Quellen des Judentums erfahren wir ganz anderes. Diejenigen, die gelitten haben, werden andere, bessere Leben haben, und die Verbrecher können zum Guten umkehren – wenn nicht in diesem Leben, dann in einem anderen."

Wiewohl Wiedergeburt bzw. Reinkarnation heute kaum mehr mit dem Christentum oder dem jüdischen Glauben in Verbindung gebracht werden, scheint dies also nicht immer so gewesen zu sein – ja, Elemente dieser Vorstellungen lassen sich sogar heute noch da und dort finden.[14]

„Primitive" Jenseitsvorstellungen

Die gern als „heidnisch" verunglimpften religiösen Lehren verschiedener Indianervölker auf der ganzen Erde vertreten zumeist eine recht einfache Vorstellung davon, was nach dem Tod mit dem Menschen geschieht. Ähnlich glauben pazifische Eingeborenenstämme, aber auch afrikanische Buschvölker, dass sich ihre Verstorbenen in einer Geisterwelt befinden, zu der man durch Gebet, Drogen und Trance Kontakt aufnehmen kann. Im Voodookult, der in der Südsee beheimatet ist, bedient man sich festgelegter Rituale, um die Toten zu rufen und mit ihnen zu kommunizieren. All diese Kulturen und Völker aber eint die Überzeugung, die Sterbenden seien nicht einfach „weg", sondern befänden sich in einer anderen Sphäre und könnten von den Lebenden durch bestimmte Zeremonien oder tranceähnliche Zustände herbeizitiert werden.

Der Voodookult stellt sicherlich eine extreme Ausprägung dieses Glaubens dar. Seine Anhänger sind unerschütterlich davon überzeugt, dass ein Verstorbener sogar als „Zombie", also als lebender Toter, auferstehen könne. Priesterliche Magier seien dank obskurer Rituale und medialer Kräfte in der Lage, einen Menschen zu töten und ihn später mit Hilfe eines „Zaubers" in die Welt der Lebenden zurückzurufen.

Derartige Rituale wurden inzwischen recht detailliert von westlichen Medizinern erforscht, die beispielsweise angebliche Zombies untersuchten. So fand man heraus, dass die Voodoopriester den in Japan als Delikatesse geltenden Kugelfisch für ihre Zwecke verwenden: Die toxischen Gifte, die er enthält, können einen Menschen in einen scheintodähnlichen Zustand versetzen – falls er es überhaupt überlebt (in Japan kommt es jährlich durch den Verzehr dieses Fisches zu über 100 Todesfällen).[15]

Dieser „Zombieglaube" sagt aber noch nichts über die Art und Weise des Fortlebens nach dem irdischen Ende aus. Verschiedene Völker gehen davon aus – wie übrigens auch einst die Inkas im heutigen Peru –, der Mensch lebe nur einmal, um nach seinem Ableben in die Welt der Toten in einer anderen Dimension einzuziehen. Am Todestag des jeweiligen Menschen oder zu anderen Festtagen pilgern die Gläubigen zum Grab des Verstorbenen, opfern Blumen und andere Dinge und bringen sogar Essen und Getränke mit. Diese werden dann – so, als sei die Person nie verstorben – im Rahmen eines gemütlichen Gespräches „miteinander" eingenommen.

Auch die Polynesier im Pazifik kennen diesen „Ahnenkult": Sie glauben, dass sie von ihren toten Ahnen umgeben sind und mit diesen unter gewissen Umständen Kontakt aufnehmen können; ja, die Verstorbenen könnten sogar – im Bösen wie im Guten – in die reale Welt der Lebenden zurückkehren. Diese Ahnenverehrung, die sich auch bei vielen anderen Volksstämmen quer über den gesamten Erdball findet, bezeugt den Glauben an eine wie auch immer geartete Weiterexistenz des Menschen bzw. seiner Seele.

Erwähnenswert ist in diesem Zusammenhang der so genannte Cargokult, dem man beispielsweise in Neuguinea begegnet. Die dortigen Eingeborenen glaubten, ihre Ahnen (und damit ihre Götter) seien leibhaftig wiedergekehrt, als sie zum ersten Mal mit westlichen Reisenden und Entdeckern in Berührung kamen. Die Weißen kamen mit großen Schiffen oder, wie im Zweiten Weltkrieg, mit Flugzeugen vom Himmel herab und gaukelten so den Ureinwohnern eine weit überlegene Lebensform vor. Natürlich mussten diese annehmen, ihre Ahnen seien endlich in die Welt der Lebenden zurückgekehrt.

Da die ersten Menschen der westlichen Welt, die solche Kulturen und Stämme erreichten, auch Geschenke übergaben, bildete sich sehr schnell eine Art „Religion" um die Neuankömmlinge. Cargokulte (*cargo* = engl. „Ladung, Fracht") erstaunten spätere Missionare, Ethnologen und auch Reisende durch Kopien, die die Eingeborenen von der Technologie der vermeintlichen Ahnen anfertigten. So ahmten sie aus Pflanzen und anderen natürlichen Materialien beispielsweise Funksender oder gar Flugzeuge nach, in der Absicht, damit die andere Welt zu ehren.[16]

Derartige religiöse Kulte spiegeln den tiefen Glauben an ein Leben nach dem Tod wider, wie er seit Jahrtausenden von den Menschen praktiziert wird. Wie bereits dargelegt, legen archäologische Grabbefunde die Vermutung nahe, dass unsere Vorfahren bereits eine konkrete Jenseitsvorstellung hatten. Da uns keinerlei schriftliche Aufzeichnungen dieser Epoche der menschlichen Entwicklung zur Verfügung stehen, werden jedoch manche Umstände dieses frühesten Ahnenkults wohl immer ungeklärt bleiben.

Eine alte Geschichte: Himmel und Hölle

Mit Entstehung der ersten Zivilisationen entwickelte sich auch die Schrift, sodass es ab diesem Zeitpunkt möglich ist, konkrete Aussagen über die religiösen Vorstellungen der Menschen zu machen – vorausgesetzt, man besitzt den Schlüssel zu ihrer Sprache.

Die Ägypter

Zu den frühesten Hochkulturen gehört die der Ägypter. Sie beschrieben in ihren Texten nicht nur Dinge des täglichen Lebens, sondern auch ihre Religion und ihre ganz individuellen Vorstellungen davon, was nach dem Tod mit einem Menschen geschah. Die Bedeutung zahlloser Artefakte und Bauten konnte dank dieser Texte endlich richtig eingeordnet werden. So belegt die komplizierte Kunst der Mumifizierung – die auch bei den Inka in der Andenregion und sogar in Russland und der Mongolei praktiziert wurde – den Glauben der Ägypter an ein Leben nach dem Tod, wie es auch Papyri und Steininschriften darstellen. Danach war man im Land am Nil der Überzeugung, man müsse den Körper der (meist gesellschaftlich hochrangigen) Toten durch Mumifizierung erhalten, damit diese nach einer gewissen Zeitspanne auferstehen und im Himmel bei den Göttern weiterleben konnten.[17]

Besonders den Pharaonen wurde die Ehre zuteil, solchermaßen für die Ewigkeit „präpariert" in prunkvollen Gräbern bestattet zu werden. Üppige Grabbeigaben sollten ihnen überdies das Leben im Totenreich so angenehm wie möglich machen. Diese reichten von bequemen Stühlen und Brettspielen über Nahrung und Gegenstände des täglichen Gebrauchs bis hin zu prachtvollen Schmuckobjekten.

Auch die Grabbauten der alten Ägypter geben Auskunft über diesen ihren besonderen Totenkult. Die so genannten Pyramidentexte – Schriften an den Wänden der Grabpyramiden, darunter jene des Pharao Unas aus der 5. Dynastie (ca. 2475–2325 v. Chr.) – berichten[18], dass die Gläubigen nach dem Tod auf einer Art Zwischenstation für ihr Leben Rechenschaft abzulegen hatten. Dabei wurde das Herz des Verstorbenen – das im alten Ägypten als Sitz des Gewissens und der Empfindungen galt – auf einer Waagschale hinsichtlich der Schwere seiner Taten gewogen. Von dieser als Seelenwägung (Psychotaxie) bekannten Prüfung hing das weitere Schicksal des Toten ab.

Bei dieser „Nach-Tod-Zeremonie" waren nach dem Glauben der Ägypter die hohen Gottheiten Osiris, Isis und Nephthys anwesend, die bei ihrem Richterspruch über den Verstorbenen von einigen Dutzend Richtern unterstützt wurden. Die Hauptrolle bei diesem Ritual spielte der schakalköpfige Anubis. Dieser Totengott fungierte als Seelenbegleiter (Psychopomp) und legte, so heißt es im ägyptischen Totenbuch – einer Sammlung von Jenseitsvorstellungen und mythisch-spirituellen Schriften[19] – das Herz auf eine große Waage, auf dessen zweiter Waagschale das Symbol der Wahrheitsgöttin Maat lag: die Feder.

Dieses göttliche Gericht bestimmte die Zukunft des

Toten im Leben nach dem Tod. Ka, seine Seele, wurde entweder in die Unterwelt verbannt oder aber wie eine Gottheit zu den Sternen emporgeleitet. Doch die Unterwelt war kein Schreckensort wie die christliche Hölle, keine dunkle Sphäre der Verstorbenen: Vielmehr glaubte man, dass die Sonne während der Nacht die Unterwelt durchlief und auf diesem Wege den Dahingeschiedenen Licht spendete.

Im Laufe der ägyptischen Geschichte entwickelte sich der Glaube, dass durch die korrekte Einhaltung der Bestattungsriten jedem, nicht nur dem Pharao, der Weg zum Paradies des Osiris offen stand. Dieses wird im Totenbuch als „Feld der Freuden" beschrieben, das dem Toten vollkommene Glückseligkeit, Gesundheit und ein Leben ohne Mangel verspricht.[20]

Eines sollte also deutlich geworden sein: Bereits vor Jahrtausenden glaubten die alten Ägypter nicht nur an ein „neues Leben" nach dem Tod, sondern auch an eine Selektion von „Guten" und „Bösen" vor einem jenseitigen Göttertribunal. Das ägyptische Totenbuch diente dem Verstorbenen als magischer Leitfaden, wie er sich vor diesem göttlichen Totengericht zu verhalten habe. Bei seiner Rechtfertigung vor den Göttern musste sich der Tote zu 43 Sünden äußern. Interessanterweise werden diese Sünden und irdischen Verfehlungen, die von Unzucht über Gotteslästerung bis hin zu Mord und Raub reichen, auch noch nach heutigen Gesichtspunkten als verwerflich empfunden.[21]

Praktisch alle Glaubenssysteme der Welt sprechen im Übrigen von einer Fortexistenz des eigenen Ichs und vor allem auch von einem Totengericht, vor dem der

Mensch sich für sein irdisches Tun rechtfertigen muss. Die viel diskutierten Zeugen Jehovas beispielsweise sind eine jüngere christliche Sekte, der es in erster Linie um den Einzug der Toten in ein Paradies der Glückseligen zu tun ist. Ihre Anhänger glauben, dass nur durch ihren Glauben der Mensch und vor allem seine Seele am Ende der Tage „erlöst" werden wird. Dies ist durchaus mit dem Jüngsten Gericht im Christentum zu vergleichen, das besagt, dass am Ende der Zeiten Jesus Christus über die gesamte Welt Gericht halten wird.[22] Dabei beruft sich das Christentum vor allem auf Aussagen Jesu Christi im Neuen Testament, wonach der Weg zu Gott und damit ins Paradies nur über ihn, Gottes Sohn, führe.

Das alte China

Auch die chinesischen Kaiser ließen sich gewaltige Grabanlagen errichten, denen sie zum Teil die Form von Pyramiden gaben. Weltweites Aufsehen erregte der Fund des Grabes des ersten Kaisers von China, Qin Shihuang Di (259–210 v. Chr.). Etwas über einen Kilometer östlich seines eigentlichen, bis heute nicht angetasteten Grabes entdeckten Bauern im Jahr 1974 beim Bohren eines Brunnens eine gewaltige Armee aus lebensgroßen Kriegern, Pferden und Streitwagen aus Terrakotta, die wie zum Gefecht aufgestellt auf das Grab des Kaisers zuzumarschieren schienen. Über das Grab selbst kursieren, seitdem der chinesische Historiker Sima Qian (145–86 v. Chr.) über die glanzvolle Grabeinrichtung schrieb, die wirrsten Ideen: Sagenhafte Schätze sollen demnach dort noch zu heben sein. Man sprach gar davon, dass selbstauslösende Armbrüste das Grab bewachten und sich darin eine Nachbildung des ganzen chinesischen Reiches mit Flüssen und einem Ozean aus Quecksilber finde.[23]

Diese einmalige Anlage zeigt, dass die religiöse Glaubensvorstellung der alten Chinesen von einem Leben nach dem Tod beherrscht wurde. So waren die Chinesen der Meinung, dass der Mensch zwei Seelen besitze: die spirituelle und intellektuelle Seele Hun und die körperliche, niedere Seele P'o. Die Seele Hun sei nicht fassbar und eher geistig zu verstehen und fahre nach dem Tod gen Himmel auf. P'o hingegen werde mit dem Verstorbenen zu Grabe getragen oder steige sogar in die dämonische Unterwelt hinab.

Durch die strenge Befolgung der überlieferten Begräbnisrituale hofften die Chinesen die Hun-Seele dazu zu veranlassen, sich mit anderen ihrer Art im Himmel zu vereinen. Gleichzeitig sollte durch diese Riten erreicht werden, dass die Seele P'o zu einem positiven Geist werde. Dazu bedienten sich die Chinesen oft eines einfachen „Tricks": Sie legten dem Verstorbenen einen Edelstein in den Mund, sodass die körperliche P'o-Seele meinte, die Menschen behandelten sie mit Respekt und Achtung. Eine Umwandlung zu einem negativen Geistwesen war dadurch ausgeschlossen.[24]

Die Griechen

Über die Jenseitsvorstellungen der Griechen sind wir dank der reichen schriftlichen Quellen von Philosophen, Dichtern und Geschichtsschreibern gut unterrichtet.

Die Unterwelt, die man im alten Griechenland Tartaros oder auch Erebos nannte, wurde von dem Totengott Hades regiert, dem Sohn des Gottes Kronos und der Rhea. Ihm zur Seite stand seine Gemahlin Persephone oder auch Kore (= griech. „Mädchen"). Diese finstere Unterwelt stellte man sich als streng abgeschottete Welt der Toten vor, die von einer dreifachen und sehr dicken Mauer, von den Gewässern Acheron, Kokytos und Styx sowie einem Feuerstrom namens Pyriphlegeton umgeben war.

Starb ein Mensch, so wurde nach dem griechischen Jenseitsglauben seine Seele von dem Gott Hermes hinunter in die Welt des Todes geleitet. Hermes brachte sie bis zu den Flüssen um die Unterwelt, an denen sie von dem göttlichen Jenseitswesen und Fährmann Charon in Empfang genommen wurden. Dieser setzte gegen einen kleinen Obolus (eine Münze, die dem Toten in den Mund gesteckt wurde) die Seele zur Pforte der Totenwelt über. Charon kam eine Schlüsselrolle zu, denn nur er konnte die Verstorbenen sicher an dem dreiköpfigen Monster Zerberus, das die Tore der Unterwelt bewachte, vorbeiführen.

Charon aber ließ nur Tote auf seine Fähre, die auf Erden korrekt und mit den richtigen Ritualen bestattet worden waren. Alle anderen mussten am Ufer des Flusses Acheron ruhe- und rastlos umherirren, bis eine würdevolle Bestattung sie erlöste. Auch andere Völker wie die Ägypter sahen sich veranlasst anzunehmen, dass die exakte Einhaltung der Bestattungsrituale Voraussetzung für eine Fortexistenz sei. Und selbst heute noch nehmen einige Parapsychologen an, dass Geister bzw. Spukerscheinungen darauf zurückzuführen seien, dass es sich hierbei um die unruhigen Seelen von „unordentlich" bestatteten Toten handle.

Die Seele des Verstorbenen musste in der Religion der Griechen – auch dies eine Parallele zu anderen Völkern – in der Unterwelt vor einem Totengericht Rechenschaft über sein Leben abgeben. Dieses Gericht bestand aus den drei Gottheiten und Söhnen des Zeus: Minos, seinem Bruder Rhadamanthys und Äakos. Sie entschieden, was mit der Seele geschehen sollte. Wer in ihren Augen zu Lebzeiten gnadenreich und „richtig" gelebt hatte, durfte in das „Elysische Feld" einziehen. Dieses Feld, das vom Strom des Vergessens, Lethe, umgeben war und auch als Elysium, die „Insel der Seligen", bezeichnet wurde, galt den Griechen als segensreicher Ort ohne Arbeit, Krankheit, Hunger und Sorgen. Vor allem Dichter, Heroen, Lieblinge der Götter und wichtige Personen aus Mythologie und Geschichte durften diese Insel der Seligen betreten.[25]

Jene Seelen aber, die nach dem göttlichen Tribunal in der Unterwelt nicht ins Paradies einziehen durften, wurden umgehend in die Hölle des Tartaros verbannt, die ewige und grausame Qualen verhieß. Während im Christentum zum Beispiel die Qualen der Seele in der Hölle als körperliche Leiden mit bestialischen Ritualen und Foltern der Dämonen des Satans interpretiert werden, waren die ewigen Leiden der bösen Seelen im griechischen Glauben von ganz anderer Natur: Sie sind vor allem durch Handlungen geprägt, die sich bis in alle Ewigkeit immer wieder wiederholen und völlig sinn- und nutzlos sind – offenbar für die rationalen Griechen der Gipfel des Schreckens. Ein Beispiel aus der Mythologie mag dies verdeutlichen.

Die 50 Töchter des Königs Danaos von Argos wurden gezwungen, die verhassten 50 Söhne ihres Onkels Ägyptos zu ehelichen. Der Hass auf ihre 50 Cousins ging so weit, dass sie ihre frisch angetrauten Ehemänner noch in der Hochzeitsnacht erdolchten. Dies nahm das Dreigestirn der Götterrichter in der Unterwelt zum Anlass, die 50 Töchter des Danaos im Jenseits dazu zu verdammen, bis in alle Ewigkeit Wasser in ein Fass mit durchlöchertem Boden zu schöpfen.

Aber auch bei den Griechen gab es Randgruppen, die sich nicht dem allgemeinen Glauben anschlossen, sondern von einer Wiedergeburt der eigenen Seele überzeugt waren. So gaben einige Sekten ihren Toten eine Mitteilung ins Grab, der zu entnehmen war, dass die Seele der Menschen drüben das „Wasser der Erinnerung" finden solle. Mit diesem mythischen Nass sollte es gelingen, sich an vergangene Leben zu erinnern. Der berühmte griechische Mathematiker Pythagoras (um 570–497/96 v. Chr.) war ebenfalls davon überzeugt, dass er schon mehrfach gelebt hatte – und zwar als Fischer, Prophet, Bauer, Prostituierte und Krämersfrau. Desgleichen glaubte auch der Philosoph Platon, Autor der Geschichte um die sagenhafte Insel Atlantis, an Leben vor und nach dem Leben. Er ging davon aus, dass die Seelen im Augenblick des Todes sofort ein neues Leben wählen würden. Die Weisen träfen eine gute Wahl, andere eine schlechte. Jede dieser Seelenwanderungen kostete nach seiner Überzeugung aber Energie. Da diese nicht unbegrenzt vorhanden sei, sondern stetig abnehme, führe dies letztlich dazu, dass die Seele irgendwann ganz verschwinde. Darum existierte in Platons Augen auch kein ewiger Kreislauf.[26]

Die Römer

Die Jenseitsvorstellung der Römer war ähnlich aufgebaut wie die klassische der Griechen. So glaubten die Römer, dass in der Unterwelt der Gott Orcus herrschte und dort die bösen Menschen nach dem Leben als Lemuren weiter existierten. Diese Lemuren, unsterbliche Geistwesen, schlichen nachts durch die Welt der Lebenden und schickten ihnen böse Träume. Aber auch die „guten Menschen" lebten als Geister – Manen genannt – nach dem Tod weiter, zwar nicht in der schrecklichen Unterwelt des Orcus, aber doch unterhalb der Erde.

Um diese bösen Geister versöhnlich zu stimmen, feierte man am 9., 11. und 13. Mai spirituelle Feste um Mitternacht. Aber auch die guten Manen wurden in Zeremonien geehrt: So grub man beispielsweise bei der Gründung einer neuen Siedlung ein Loch in die Erde, das als eine Art Öffnung zur Welt der Verstorbenen dienen sollte. Dieses Loch wurde mit einem Altar überdeckt und nie wieder geöffnet. Nur am 24. August,

5. Oktober und 8. November öffnete man unter großen Feierlichkeiten diese Tore zur Unterwelt und warf als Opfergaben für die guten Manen Früchte hinein.[27]

Wie viele andere Kulturen und Völker glaubten auch die Römer, dass die Toten nach ihrer Bestattung wiederkehren könnten. Solche „Wiedergänger" sah man nicht nur in Menschen, die bei einem Unfall, durch Gewalt oder schwere Krankheit umkamen, sondern auch in Selbstmördern. Es wurden sogar Fälle bekannt, in denen sich ein durch einen Schuldner betrogener Römer das Leben nahm, um als Geist wiederkehren und an diesem Menschen Rache nehmen zu können.[28]

Die Maya

Ähnlich wie die Ägypter bauten auch die Maya in Mittelamerika Pyramiden als sakrale Bauten im Zeichen des Todes.[29] Sie hingen der Vorstellung an, dass die Menschen nach dem Tod ebenfalls als Geister oder vergeistigte Wesen ein neues Dasein erlangen. Die Hieroglyphen der Maya zeigen die Götter der Unterwelt bzw. des Todes als menschliche Totenschädel. Da wir heute noch kaum etwas über die Jenseitsvorstellungen dieses Volkes wissen – die westlichen Eroberer hatten praktisch alle Schriften als „Teufelszeug" vernichtet –, lässt sich über ihre Religion fast nichts Verbindliches aussagen. Wohl aber scheinen Pyramidenbauten, die als Gräber dienten und bei denen die Verstorbenen reich geschmückt bestattet wurden, auf den Glauben an ein Leben nach dem Leben hinzudeuten.

Ein sehr gutes Beispiel ist der „Tempel der Inschriften" von Palenque, in dessen unterirdischer Krypta der letzte Maya-Fürst, Pacal der Große (reg. 615–683), bestattet wurde. Die prachtvolle Ausstattung seiner letzten Ruhestätte sowie der mit einer kostbaren Maske geschmückte Tote legen die Vermutung nahe, dass man an ein Leben nach dem Tod glaubte. In dieser Krypta fand sich auch die berühmte Grabplatte, die von Anhängern der These, die Götter der Maya seien Außerirdische gewesen, als stilisierte Darstellung eines Raumfahrzeugs gedeutet wird. Nach der üblichen Interpretation zeigt sie jedoch den Fürsten selbst, der in die Unterwelt hinabfährt.

Archäologische Ausgrabungen haben ergeben, dass die Maya ihren Fürsten, Pacal wie auch anderen Herrschern, ihr Gefolge bei Hofe ins Grab mitgaben. Die Knochen und mumifizierten sterblichen Überreste fanden sich bei Öffnung der Grabstätten. Dieser übrigens weltweit nachweisbare Brauch verdeutlicht, dass auch die Maya der Meinung waren, nach dem Tod beginne eine neue Existenz im Jenseits. Man dachte sich diese Existenz als ganz ähnlich dem Leben in der irdischen Welt und ging davon aus, dass der hochrangige Verstorbene auch im Jenseits Diener und Besitz benötigen würde.[30]

Die Inka, Azteken und andere indianische Kulturen

Viele Kulturen stimmen in der Vorstellung überein, das Jenseits bzw. die Unterwelt sei von einem oder mehreren Flüssen umgeben, wie wir es schon bei den Griechen gesehen haben. Auch die nordamerikanischen Meon-mini-Indianer teilten diesen Glauben: Nach ihren Vorstellungen musste der Tote durch rituelle Waschungen auf seinem Weg in das „große Dorf" begleitet werden. Als letztes zu überwindendes Hindernis erwies sich ein reißender Fluss, der von einem großen Hund bewacht wurde.

Ganz besonders erstaunlich ist die religiöse Vorstellung der Guaimi-Indianer aus Panama. Nach ihrem Jenseitsglauben mussten die Seelen der Dahingeschiedenen bei ihrer letzten Reise drei Flüsse überqueren, die die Unterwelt umflossen. Dabei war es von größter Bedeutung, dass der Tote bei der Beerdigung eine schöne und ordentliche Körperbemalung trug. War dies nicht der Fall, so musste seine Seele so lange ruhelos an den Ufern der Flüsse umherirren, bis ein Verwandter verstarb, der die erforderliche Bemalung trug. Allerdings waren die Guaimi nicht von einem „ewigen" Leben überzeugt, denn sie glaubten, dass die Seele im Jenseits zehn Mal so lange wie auf der Erde in einem wahren Paradies lebte, dann aber für immer starb.[31]

Auch die Inka aus dem heutigen Peru sahen im Tod nicht das Ende der Existenz der menschlichen Seele. Sie dachten vielmehr, dass der Verstorbene in ein Totenreich Einzug hielt, das – einmal mehr – von einem Fluss umgeben war. Und auch hier wurde die lebendige Seele begleitet. Dieser Führer der Seelen war ein Hund; bei den Menschen, die nahe der Pazifikküste lebten, übernahm ein Seehund diese Aufgabe.

Interessanterweise waren Hölle und Himmel im Vergleich zu den christlichen oder auch islamischen Glaubensvorstellungen räumlich „vertauscht": Die Hölle lag im Himmel und das Paradies unter der Erde. Alle guten Seelen, die den Fluss um das Totenreich sicher überquert hatten, zogen in ein Reich voller Ruhe und Glück im Innern der Erde ein. Von dort, so glaubte man, waren einst auch alle Seelen gekommen. Die Seelen der schlechten Menschen aber wurden nach ihrem Tod, wie in vielen anderen Religionen auch, in der Hölle (also oben) von Dämonen gequält. Wahrscheinlich dachten die Inkas, dass die Hölle über den Wolken lag, weil dort das Feuer (die Sonne) herrschte.

Doch die Seelen blieben nicht auf ewig in ihrem Totenreich, denn auch die Inka waren von der Wiedergeburt überzeugt. Da sie an die körperliche Auferstehung glaubten, wandten auch sie Techniken der Mumifizierung an und gaben ihren Toten all ihren irdischen Besitz mit ins Grab.[32]

Viel kriegerischer und blutiger mutet dagegen der Jenseitsglaube der Azteken an, die weite Teile Mexikos beherrschten. Sie sind vor allem durch ihre an Brutalität kaum zu übertreffenden religiösen Bräuche bekannt. Die Sonne wurde als Ursprung allen Lebens betrachtet, doch man ging davon aus, dass man sie nur dadurch günstig stimmen konnte, indem man ihr die Herzen lebender Menschen opferte. Dazu wurde in bestialischen Zeremonien Menschen auf den großen Pyramiden das Herz aus dem Leib geschnitten und noch schlagend dem Sonnengott Tonatiuh dargeboten. Nach alten Chroniken sollen dabei zum Teil Hunderttausende Menschen an einem Tag ermordet worden sein. Die Azteken, so die Meinung der Archäologie, führten zum

Teil auch ihre Vernichtungskriege, um neue Menschenopfer für ihren Sonnenkult zu „rekrutieren".

Das aztekische Volk war aber auch von einem tiefen Glauben an die Unterwelt, an einen Himmel und an eine jenseitige Weiterexistenz der Verstorbenen sowie der im Krieg gefallenen Soldaten geprägt. In den Augen der Azteken war es eine Ehre, im Kampf mit dem Feind getötet zu werden – eine radikale Glaubensvorstellung, die auch heute noch bei den islamischen Fundamentalisten und ihrem „heiligen Krieg" im Namen Allahs existiert. Auch in geschichtlichen Zeiten wurde übrigens dieser Gedanke oft als Rechtfertigung für Schlachten und kriegerische Streifzüge herangezogen: so etwa bei den christlichen Kreuzzügen oder aber bei den Wikingern, die den Standpunkt vertraten, ihre gefallenen Brüder zögen an die Festtafel des kriegerischen Gottes Odin in Walhalla ein, dem germanischen Himmel.[33]

Nach dem Glauben der Azteken flogen die Seelen der gefallenen Krieger in Richtung des östlichen Himmels davon. Die Verstorbenen begleiteten die Sonne mit ehrenvollen Gesängen und Feiern auf ihrem Weg, bis sie den Zenit erreicht hatte. Wenn sie dann zur Mittagsstunde senkrecht über der Erde stand, verwandelten sich die Seelen der Toten in Schmetterlinge, die zur Welt der Lebenden herniederschwebten und sich am Nektar der Blumen gütlich taten.

Besondere Erwähnung verdient die Tatsache, dass – obwohl Frauen im täglichen Leben keineswegs auf Gleichberechtigung zählen durften – bei der Niederkunft Verstorbener ehrenvoll gedacht wurde. Die Seele der Frau, die bei der Geburt ihres Kindes ihr Leben verloren hatte, zog nämlich an den Himmel hinauf, wenn die ermordeten Krieger die Sonne zu ihrem Zenit begleitet hatten. Diese Verehrung der Frau als eine den Kriegern gleichberechtigte Seele zeigte sich auch dadurch, dass Hebammen bei der Geburt denselben Schrei ausstießen wie die Krieger in einer Schlacht.

Die Azteken glaubten, ähnlich wie andere Völker dieses Kulturkreises, dass der Himmel und die Unterwelt ähnlich aufgebaut seien wie eine Stufenpyramide. Ganze 19 Himmel und neun Unterwelten zählten sie. Sie waren der Überzeugung, dass diese Welten einer auf den Kopf stehenden und einer normalen Stufenpyramide entsprechen, die sich an den Grundflächen berührten. Und auf der Ebene dieser Grundfläche lag die Welt der Lebenden.

Auch wenn es heute sehr schwer ist, sich anhand der zum Teil widersprüchlichen Mythologien über das Jenseits der Azteken und ähnlicher Völker ein klares Bild zu machen, können dennoch einige Punkte als gesichert gelten. So wissen wir heute, dass die Welt der toten Seelen in der neunten, also letzten Unterwelt lag. Dieses Reich, Mictlan, ist offenbar eine Entsprechung zur biblischen Hölle. So glaubten die Azteken, dass die verdammten Seelen einen langen und sehr beschwerlichen wie auch gefahrvollen Abstieg in dieses Reich der Verdammung zu überwinden hatten. Sie mussten dämonische Kriege, Katastrophen, Stürme und reißende Flüsse überwinden, um in das Totenreich des Gottes Mictlantecutli und seiner Frau Mictecacihuatl zu gelangen. Im „negativen Jenseits" Mictlan erwartete dann den Toten ein furchtbares Leben in Schrecken: In extremer Kälte musste er vergiftete Pflanzen essen und viele Schrecken erdulden.

Als typisch für ein derart kriegliebendes Volk mag die Tatsache gelten, dass nur Menschen, die auf natürliche Weise, also zum Beispiel an Altersschwäche, gestorben waren, in diese Unterwelt hinabsinken würden.

Neben dieser Hölle gab es Orte bzw. jenseitige Welten in den Sternen, zu denen die Guten emporsteigen konnten. Menschen, die ertranken, von einem Blitz erschlagen wurden, hinterrücks ermordet wurden, an Gicht litten oder auch aussätzig waren, durften ins Reich des Regengottes Tlaloc Einzug halten. Tlalocan lag auf einem sehr hohen und immer wolkenverhangenen Berg; man erzählte sich, dass es dort wunderschöne Blumen und Nahrung im Überfluss gab.

Die höchste Belohnung aber, die einem Menschen für seine Verdienste zuteil werden konnte, war seine Aufnahme in das himmlische Reich der Sonne und der Götter. Hierher kamen, wie gesagt, im Krieg Umgekommene, bei der Niederkunft verstorbene Mütter und auch Geopferte sowie Reisende. Hier verwandelte sich die Seele der Toten in prachtvolle Vögel, Schmetterlinge, Edelsteine und zum Teil selbst in Götter. Andere Menschen, die zu Lebzeiten nicht so hoch geachtet worden waren, inkarnierten sich in dieser Welt zu Mistkäfern, Stinktieren, Wieseln und anderen nicht sonderlich beliebten Tierarten.

Aber auch an die Kleinkinder war gedacht: Da man sie als frei von aller Schuld betrachtete (im Gegensatz zum Christentum, das allen Christen, ob jung oder alt, die Erbsünde aufbürdet[34]), zogen sie nach ihrem Tod ins „Blumenland" ein. Dort erwartete sie ein großer Baum, an dessen Früchten sie sich wie an der Brust der Mutter laben konnten. Die Archäologie geht davon aus, dass hiermit der Nachthimmel Tamohuanchan gemeint war.

Diese komplexen Glaubensmodelle dürften das Ergebnis einer längeren Entwicklungsphase gewesen sein. So wird beispielsweise vermutet, dass die frühen Stämme Mexikos lediglich an eine Unterwelt in einer „Steppe im Norden" und ein himmlisches Reich glaubten. Die Anlage der rätselhaften Stadt Teotihuacán nördlich von Mexiko-Stadt etwa, die auf ein unbekanntes Volk vor den Azteken zurückgeht, soll Zeugnis vom Glauben an ein himmlisches Wasserreich ablegen. Dieses könnte ein Vorläufer der Jenseitswelt des aztekischen Regengottes Tlaloc gewesen sein.[35]

Moderne Antworten

Zu jeder Zeit und an jedem Ort haben sich die Völker ihre Gedanken dazu gemacht, wie das Jenseits wohl aussehen mag. Oft mündeten diese Überlegungen in ganz bestimmte Vorstellungen über ein Jenseits für die „Bösen" und ein Jenseits für die „Guten".

Diese Art des reinen Glaubens an ein Jenseits vermag jedoch in der heutigen Welt nicht mehr zu befriedigen. Die christlichen Dogmen von Hölle, Fegefeuer und Himmel scheinen nicht mehr zeitgemäß zu sein und finden unter den Gläubigen immer weniger Anhänger. Wir distanzieren uns mehr und mehr von solchen Weltanschauungen über das Jenseits und geben uns – gleich welcher Religion wir angehören – unsere eigene Antwort auf die Frage „Und was kommt danach?".

Von dieser wachsenden Orientierungslosigkeit profitieren wiederum ganz andere „religiöse Gemeinschaften", die sich zum Teil recht extreme Ansichten über den Tod bilden. Aus der ufologischen Ecke stammen Gruppen, die nicht nur an Außerirdische glauben, sondern auch ein wirres Weltsystem erdachten, das Aliens und Tod miteinander verknüpft. So meinen zahlreiche esoterische UFO-Gruppen, dass Außerirdische die Menschen nach ihrem Tod bzw. nach dem Eintritt in eine „höhere Dimension" in Empfang nehmen.

Die Anhänger der UFO-Sekte Heaven's Gate waren sogar der Überzeugung, dass sie nach ihrem gemeinsamen Suizid in einem UFO wieder geboren würden. Als sich der Komet Hale-Bopp im Jahre 1996 der Erde näherte, glaubten diese UFO-Fans, dass sich im Schweif des Kometen ein UFO verberge, das von den „Ufonen" – den „Göttern" der Gruppe – gesteuert würde. Beseelt von ihrem Irrglauben, brachten sich 40 Mitglieder der Sekte gemeinschaftlich um, in der irrwitzigen Hoffnung, in dem UFO zu neuem Leben zu erwachen.[36] Anfang Juli 1999 wiederholte sich in Kolumbien Vergleichbares. Auch hier nahmen sich 60 Jünger einer UFO-Sekte in dem Glauben das Leben, sie würden mit Hilfe der Aliens wieder geboren werden.[37]

Solche Gruppen sind ein Spiegel des modernen Zeitalters. Die Menschen solcher UFO-Sekten und anderer New-Age-Strömungen wissen mit den alten Lehren der Religionen nichts mehr anzufangen und suchen Zuflucht in abstrusen Gefilden. Dennoch sollte man nicht aus den Augen verlieren, dass nicht nur diese Suizidgruppen, sondern auch andere UFO-Kulte die Überzeugung nicht abgelegt haben, dass da „etwas" nach dem irdischen Tod ist. Es muss ja nicht immer die Wiedergeburt auf anderen Sternen, in UFOs und anderen Dimensionen sein.

Wiedergeburt: Wahrheit oder Wahn?

Vor allem der Glaube an eine wie auch immer geartete Reinkarnation verzeichnet in den letzten Jahren wieder verstärkten Zulauf. Eine ganze Reihe von Menschen glauben auch abseits der christlichen Heilslehre, sie würden nach ihrem Ende im „Himmel" wieder geboren, während andere ihre Seele wiederum in einem Kreislauf von Tod und Wiedergeburt aufgehoben wissen.

Gerade der letztere Glaube fußt fast ausschließlich auf den Lehren fernöstlicher Gurus. Der Hinduismus sowie ihm verwandte Glaubensrichtungen besagen in ihrem Kern aber auch, dass der Mensch nach seinem Ende eventuell auch als Tier oder Pflanze wieder geboren wird. Einige Strenggläubige in Indien sind von dieser Idee so sehr überzeugt, dass sie einen Mundschutz tragen, um nicht versehentlich Insekten einzuatmen. Denn auch im unscheinbarsten Wesen kann sich ein wieder geborener Mensch inkarnieren.

Die Frage, ob es das Phänomen der Wiedergeburt tatsächlich gibt, ist für religiöse Menschen bedeutungslos, da für sie ohnehin nur der Glauben zählt. Dennoch haben sich PSI-Forscher und Wissenschaftler verschiedener Sparten im Laufe der Jahre immer wieder mit diesem Thema auseinander gesetzt. Sie versuchten verschiedentlich durch die Überprüfung von Aussagen, die das vorherige Leben der Probanden betrafen, Fakten zu liefern, die diese These untermauerten. Und tatsächlich scheint einiges dafür zu sprechen.

Rückführung unter Hypnose

Interessant wird es, wenn Aussagen, die ein Mensch unter einer rückführenden Hypnose über eines seiner Vorleben macht, durch Dritte und deren Vorleben bestätigt werden. So begann der englische Psychiater Arthur Guirdham im Jahr 1962 mit der Behandlung einer Frau, die er Mrs. Smith nannte und die an erschütternden Alpträumen litt. Guirdham beschäftigte sich insgesamt über vier Jahre mit ihr.

Bei seinen Untersuchungen, die die Ursache der schrecklichen Alpträume ermitteln sollten, stellte er fest, dass Mrs. Smith sich an ein Leben vor ihrem jetzigen Leben erinnerte. Offenbar spiegelten ihre Träume Folterungen wider, denen sie als Mitglied der Katharersekte im Frankreich des 13. Jahrhunderts unterzogen worden war.

Guirdham bekam im Laufe seiner Arbeit mit Mrs. Smith Dinge über das Leben im 13. Jahrhundert zu hören, die er für historisch sehr interessant und außerordentlich detailliert hielt. Zum Beispiel behauptete die

Wiedergeborene, dass die religiöse Sekte der Katharer dunkelblaue Kutten getragen habe. Die Historiker waren allerdings bis dahin der Ansicht gewesen, es habe sich um schwarze Kleidung gehandelt. Genauere Nachforschungen ergaben dann jedoch die Richtigkeit von Mrs. Smiths Angaben.

Doch dies war nur der Anfang. Guirdham untersuchte in der Folge sechs weitere Personen, die alle zu den Katharern gehört zu haben schienen und offenbar in einer geheimnisvollen Verbindung zueinander standen. Nach einiger Zeit aber merkte Guirdham, dass er in den Berichten von Mrs. Smith viele eigenartig vertraute Details erkannte. Tatsächlich war er am Ende seiner Arbeit selbst davon überzeugt, dass auch er zu der Gruppe der wieder geborenen Katharer gehöre und im 13. Jahrhundert als Roger Isran de Fanjeaux gelebt habe. Dieser Mann aber war der Geliebte jener Frau gewesen, die sich nun als Mrs. Smith inkarniert hatte.[38]

Die Erkenntnisse Arthur Guirdhams kamen vor allem – wie bei anderen Untersuchern auch – unter der regressiven Hypnose zustande. Alle Aussagen, die von seinen Probanden gemacht wurden, entstanden also nicht bei klarem Bewusstsein. Der tatsächliche Wert der Ergebnisse einer Wiedergeburtsuntersuchung gilt jedoch als fragwürdig, da sich Menschen unter Hypnose sehr leicht manipulieren und zu bestimmten Aussagen verleiten lassen. So streiten sich etwa auch UFO-Forscher darum, ob die Anwendung von Hypnose bei so genannten Entführten legitim ist.

Kein Wunder übrigens, dass die Anhänger der östlichen Religionen von Forschungen auf diesem Gebiet rein gar nichts halten, da sie ja ihren Glauben betreffen. Genauso gut könnte man versuchen, Christen wissenschaftlich nachzuweisen, dass Jesus gar nicht gelebt hat oder dass der jüdische Exodus nie stattfand.[39]

Kinder und frühere Leben

Interessant sind im Zusammenhang mit der Reinkarnation die Erinnerungen von Kindern an ihre mutmaßlichen Vorleben. In seinem Buch *Die ewige Wiederkehr* schildert Joe Fisher ein solch bemerkenswertes Ereignis, das sich Anfang der achtziger Jahre des 20. Jahrhunderts in der Stadt Des Moines im US-Bundesstaat Iowa zutrug. Romy Cree, die 1977 geboren worden war, teilte bereits im Kleinkindalter ihren Eltern Barry und Bonny mit, dass sie „nach Hause" wolle. Im Laufe der Zeit erzählte sie auch von einem tödlichen Motorradunfall und schilderte andere Dinge, die sie eigentlich gar nicht wissen konnte.

Wenig später begannen die Erzählungen der kleinen Romy unheimlich zu werden. Sie sagte ihren Eltern, dass sie eigentlich jemand anders sei und in der etwa 300 Kilometer entfernten Stadt Charles City in einem roten Backsteinhaus wohne. Ihr richtiger Name sei auch nicht Romy, sondern Joe Williams; außerdem sei sie mit einer Frau namens Sheila verheiratet und habe mit ihr drei Kinder. „Joes Mutter heißt Louise, und sie hat Schmerzen im rechten Bein", wusste Romy ebenfalls zu berichten. Joe Williams hatte einmal auch, so Romy, zu Hause ein Feuer verschuldet, bei dem sich seine Mutter die Hand verbrannte.

Als Romy nicht aufhören wollte mit ihren Geschichten und immer wieder von diesem ominösen Mr. Williams berichtete, beschlossen ihre Eltern, einen Experten hinzuzuziehen. Und so wanden sich die Crees an Hemendra Banerjee, den sie aus dem Fernsehen kannten und der bereits mehrfach in der Zeitung erwähnt worden war. Banerjee war Gründer des Indischen Institutes für Parapsychologie und seit den siebziger Jahren in Los Angeles ansässig. Nachdem Banerjee einige Zeit mit der kleinen Romy „aus der Ferne" gearbeitet hatte, war er von ihren Schilderungen mehr als beeindruckt.

Mit einigen Journalisten von der schwedischen Zeitung *Allers* fuhr Banerjee daraufhin im Winter 1981 nach Des Moines, um die Sache zu überprüfen. Man wollte die Familie Williams in Charles City aufsuchen. Romy berichtete, dass man die Vordertür nicht benutzen könne, sondern den Hintereingang nehmen müsse. Außerdem wollte Romy, dass man zuvor noch einen Strauß blauer Blumen kaufte. In Charles City angekommen, suchte man sich die Adresse aus dem Telefonbuch heraus, da sich Romy nicht sicher war.

Die Gruppe um Romy fand sich vor einem weißen Bungalow wieder. Doch an der Vordertür hing ein Schild, auf dem stand, dass man durch die Hintertür kommen solle. Louise Williams öffnete. Zur allgemeinen Verblüffung konnte sie nicht richtig laufen, sondern stützte sich auf Krücken und trug einen Verband, da ihr rechtes Bein verletzt war. Louise Williams war sehr überrascht, als sie die blauen Blumen von Romy bekam, denn kurz vor seinem tödlichen Unfall hatte ihr Sohn Joe ihr einen solchen Strauß geschenkt. Auch berichtete sie, dass sie bis 1971 tatsächlich in einem roten Backsteinhaus gewohnt hatten, das allerdings von einem Tornado vollständig zerstört worden war.

Die Verwunderung von Mrs. Williams nahm noch zu, als Romy begann, Einzelheiten aus ihrer Familie zu schildern, die sämtlich zutrafen. Auch das Feuer hatte Joe einst versehentlich entfacht. Mrs. Williams nahm daraufhin Romy mit in ein anderes Zimmer, um ihr dort Familienfotos zu zeigen – und Romy erkannte alle Personen auf den Bildern wieder.[40]

Einen weiteren hoch interessanten Reinkarnationsfall recherchierte Professor Dr. Ian Stevenson, der sich auf Reinkarnationen von Kindern spezialisiert hat. Besonders in Ländern der Dritten Welt ging und geht er zum Teil ganz erstaunlichen Berichten nach. Ein Fall aus dem Libanon gilt als besonders bemerkenswert.

Imad Elawar wurde 1958 in Kornayel geboren und begann schon sehr früh mit seltsamen Erzählungen. Kaum konnte der Junge sprechen, da erzählte er schon von Ortschaften und Personen, von denen er noch nie gehört haben konnte. Imads Vater gehörte einer islamischen Sekte an, die von der Reinkarnation überzeugt ist. Doch von seinem eigenen Sohn konnte er nicht glauben, dass er schon einmal gelebt haben sollte. Und so verbot er ihm kurzerhand, weiter seine Geschichten zu erzählen.

Als Imad fünf Jahre alt war, erfuhr Dr. Stevenson von seinen „Fähigkeiten" und beschloss, selbst vor Ort zu recherchieren. Er sprach mit Verwandten, den Eltern und natürlich mit dem jungen Imad selbst. Dabei will er herausgefunden haben, dass der Knabe bereits als Ibrahim Bouhamzy in dem Ort Khriby gelebt hat. Die Angaben des Jungen über dieses Vorleben waren so genau, dass Dr. Stevenson von 47 geschilderten Einzelheiten 43 eindeutig verifizieren konnte.

Bei einem Lokaltermin im Haus Bouhamzys, der 1949 mit nur 25 Jahren gestorben war, zeigte sich Überraschendes. Der junge Imad erzählte, dass er in seinem früheren Leben zwei Gewehre besessen habe, darunter eine doppelläufige Waffe, die er sorgfältig versteckt hatte. Und der Junge lief geradewegs zu diesem Versteck und holte das Gewehr hervor!

Imad Elawar konnte auch angeben, dass er mit einer attraktiven Frau namens Jamileh verheiratet gewesen war, die – entgegen der üblichen Mode im Libanon – gern in Stöckelschuhen herumlief. Auch dies entsprach den Tatsachen. Weiter sagte der Junge, er habe Brüder mit Namen Amin, Said und Toufic gehabt, was aber nicht ganz zutraf: In Wirklichkeit waren Said und Toufic nämlich seine Vettern und Amin ein anderer naher Verwandter. Auch eine ganze Reihe anderer Dinge, die der junge Imad über sein früheres Leben in diesem Haus schilderte, war richtig. So wusste er zum Beispiel, dass seine Schwester Hunda hieß und er in Tripolis als Beamter gearbeitet hatte. Ferner war er gern zur Jagd gegangen und hatte zwei Hunde, von denen einer braun war; sein Haus besaß einen trockenen und einen vollen Brunnen. Kurz vor seinem Tod war ein neuer Obstgarten angelegt worden; er hatte auch einen Pkw, einen Kleinbus und einen Lkw, der zuletzt als Steintransporter genutzt wurde. Die Werkzeuge für die Fahrzeuge wurden im Übrigen im Dachstuhl des Hauses verwahrt.[41]

Professor Stevenson konnte im Laufe seiner jahrelangen Untersuchungen feststellen, dass offenbar ein gewaltsamer Tod wie etwa Mord in einem früheren Leben in einer späteren Inkarnation die größten Erinnerungen weckt. Ferner kam er zu der Überzeugung, dass Kinder Narben ihrer früheren Leben besitzen können. Muttermale und Geburtsfehler sind in Verbindung mit Berichten über ein Leben vor dem jetzigen Leben für ihn Belege, dass die Kinder die Wahrheit sagen. So berichtet er in seiner fünfbändigen Arbeit *Case of the Reincarnation*[42] davon, dass 305 der 895 von ihm untersuchten Kinder mit Reinkarnationserfahrungen körperliche Male oder Narben aufwiesen, die sich auf Wunden und Verletzungen im vorherigen Leben zurückführen ließen. In dem Magazin *Journal of Scientific Exploration* zeigte er gar Bilder dieser beeindruckenden Indizien.[43]

In diesem Zusammenhang macht besonders ein von Dr. Stevenson untersuchter Fall einer möglichen Reinkarnation Schlagzeilen. Es handelt sich um die Geschichte des aus Indien stammenden Ravi Shankar, der 1951 geboren wurde. Bereits mit zwei Jahren begann der Junge seinen Eltern zu erzählen, dass er in Wirklichkeit Munna heiße. Er sei der Sohn des Frisörs Jageshwar aus dem Bezirk Chipatti, und er sei eines Tages von zwei Männern hinterhältig ermordet worden. Die beiden, ein Frisör und ein Wäscher, hätten ihn in einen Obstgarten in die Nähe eines Chintamini-Tempels gelockt und ihm dort die Kehle durchgeschnitten. Seine Leiche, so der junge Ravi, hätten die zwei Mörder dann im Sand verscharrt.

In den folgenden zwei Jahren wiederholte Ravi seine Geschichte immer wieder. Er erzählte sie seinen Lehrern, Verwandten und Bekannten. Immer wieder sprach er davon, dass er sich nach Dingen aus seinem einstigen Leben sehnen würde. Einen Spielzeugelefant aus Holz, einen Schulranzen und eine Spielzeugpistole wollte er besessen haben – alles Dinge, die sich die Familie Shankar gar nicht leisten konnte. Der Junge war nicht davon abzubringen, er sei einst ermordet worden, und so verbreitete sich die Geschichte bis in den Nachbarbezirk und kam schließlich Sri Jageshwar Prasad zu Ohren.

Prasad hatte im Januar 1951 tatsächlich seinen sechsjährigen Sohn Munna verloren. Diesem war von zwei Männern die Kehle durchgeschnitten worden, weil sie auf das Geld des Kleinen aus gewesen waren. Man fand heraus, dass die beiden Mörder der Frisör Jawahar und der Wäscher Chaturi waren. Doch da jeglicher Beweis fehlte, hatte man sie wieder freigelassen.

Bei einem ersten Treffen mit Prasad erkannte Ravi seinen einstigen Vater sofort. Auch seine Uhr identifizierte er und schilderte eine Reihe weiterer Dinge, die den Tatsachen entsprachen. Des Weiteren nannte er Einzelheiten des Mordes. Als der Knabe zufällig die beiden einstmals Angeklagten sah, erkannte er auch diese umgehend.

Auch bei dem kleinen Ravi zeigte sich eine Narbe, die laut Dr. Stevenson als eine Art „Erinnerung" von dem Mord zeugte. Menschen, die den Jungen schon von klein auf gekannt hatten, gaben an, dass die Narbe am Hals einst sogar länger gewesen sei. Interessant ist an diesem Fall auch, dass die Erinnerungen des Knaben im Laufe der Jahre immer mehr verblassten. Als Dr. Stevenson ihn erneut besuchte, war Ravi 18 Jahre alt und berichtete, dass er sich gar nicht mehr an diese Dinge erinnern könne. Lediglich die Berichte der Leute kannte auch er.

Dies gilt als typisch für Reinkarnationsberichte von Kindern: Im Kleinkindalter erinnern sie sich recht gut an ein früheres Leben, doch im Laufe der Jahre verschwimmen diese Erinnerungen, bis sie sich vollständig auflösen.[44]

Laut Professor Stevenson besaßen 35 Prozent der von ihm untersuchten Kinder Geburtsfehler oder Muttermale, die in irgendeiner Weise mit Ereignissen aus dem vergangenen Leben übereinstimmten. Stevenson untermauerte diese These mit beeindruckendem Bildmaterial: So veröffentlichte er das Foto eines indischen Jungen, der auf der Brust zahlreiche Muttermale hatte. Der Junge selbst wiederum erinnerte sich, einst schon gelebt zu haben, aber mit einer Schrotflinte erschossen worden zu sein. Gemeinsam mit einem indischen Mediziner nahm der Forscher den Autopsiebericht des erschossenen Mannes unter die Lupe, der der Junge gewesen sein wollte. Tatsächlich stimmten die Muttermale mit den Merkmalen der Eintrittswunden der Schrotladung überein.

Insgesamt deckten sich in 18 Fällen Muttermale mit den von Waffenprojektilen verursachten Wunden – fraglos beeindruckende Ergebnisse. Darf dies nun aber als letzter Beweis für etwas gelten, was viele Religionen seit langem glauben? Muss Reinkarnation nun als Realität betrachtet werden? Wohl kaum. Aber immerhin: Anhand der in den letzten Jahren und Jahrzehnten durchgeführten Untersuchungen und Recherchen hat sich die Idee der Wiedergeburt zu einer ernst zu nehmenden Hypothese entwickelt, die von der Wissenschaft nun nicht mehr einfach als Aberglaube und Scharlatanerie wegdiskutiert werden kann.

Reinkarnation am Fließband?

Scheinbare Erinnerungen an frühere Leben sind in Fällen wie den geschilderten sicherlich sehr eindrücklich. Sollten diese Menschen also tatsächlich schon einmal gelebt haben? Aber wie „funktioniert" dann überhaupt Reinkarnation? Verkörpert sich die Seele nach dem Tod umgehend neu? Oder „besucht" sie beim Tod erst eine Art Zwischenstation im Jenseits, von der aus sie sich später neu inkarniert? Und wie kann es Reinkarnation geben, wenn es immer mehr Menschen auf der Erde gibt? Wo kommen die anderen Seelen her?

Diese Fragen sind von großem Belang. Sehr oft nämlich erinnern sich Menschen an Leben, die Jahrhunderte oder sogar Tausende von Jahren zurückliegen. Das heißt, es *fehlen* quasi viele Jahre zwischen dem jetzigen Leben und dem Leben aus der „Erinnerung". Besonders oft, so scheint es, erinnern sich die Betroffenen an Leben im Mittelalter oder in uralten Hochkulturen wie etwa Ägypten. Es stellt sich also die Frage, ob diese Menschen sich schlicht an die Leben dazwischen nicht mehr erinnern – oder aber, ob sie „zwischen-

zeitlich" im Jenseits waren, wie obskur es sich auch an-
hören mag.

Wie noch zu zeigen sein wird, spricht das Phänomen
der „Kommunikation" mit Toten im Jenseits gegen eine
übergangslose Seelenwanderung. Dennoch werden hin
und wieder Fälle publiziert, die von der Wiedergeburt
einer Seele direkt nach dem Ableben der vorherigen Inkarnation berichten. Prominentestes Beispiel hierfür
soll US-Präsident John F. Kennedy sein. In diesem Zusammenhang beschreibt Karl O. Schmidt in seinem
Buch *Das abendländische Totenbuch*[45] den Fall des
Münchners Johann Schuler.[46]

An dem Tag, als John F. Kennedy in Dallas erschossen wurde, am 22. November 1963 also, kam Schuler in
München zur Welt. Kennedy wurde um 12.30 Uhr
Ortszeit erschossen, Schuler erblickte um 12.48 Uhr
nach US-Zeit das Licht der Welt.

Bereits sehr früh erstaunte der kleine Johann seine
Umgebung mit einem verblüffenden Wissen. Er berichtete von der Ehe der Kennedys, schilderte, was im Weißen Haus vorging, beschrieb das Arbeitszimmer des
Präsidenten, wusste von Bekannten und Freunden der
Kennedys und von Details der US-Geschichte und erkannte John F. Kennedy und seine Frau Jackie auf einem Foto in einer Zeitung. Ein Bild des Reeders Onas-
sis – jenes Mannes, den Jackie nach der Ermordung von
John ehelichte – zerriss der Junge jedoch wütend.

Einige PSI-Forscher, die sich der Reinkarnation gewidmet haben, verweisen immer wieder auf den Umstand, dass angeblich Wiedergeborene am Körper Male
aufweisen, die Wunden ihres früheren Ichs entsprechen

sollen. Vor allem bei Kindern, die von anderen Leben vor dem Leben berichten, sind, wie berichtet, diese körperlichen Male zu einem wichtigen Faktum für die Beweisführung der Reinkarnationsforscher geworden.[47]

Auch bei Schuler zeigte sich Vergleichbares, denn er hatte rechts am Kopf ein Muttermal, das man als Kennedys Wunde interpretieren konnte. Hier jedoch sei zu bedenken gegeben, dass Kennedy eine enorm große Wunde am Schädel davontrug; durch die Wucht des Geschosses seien gar Teile „weggesprengt" worden.

Die Lehre der Inkarnation in den Religionen – und dies sollte bedacht werden! – besagt jedoch, dass die Seele des Menschen bereits bei der Empfängnis in den Mutterleib eintritt. Das heißt: Die menschliche Seele ist bei der gesamten Entwicklung im Mutterleib bereits da; sie „konstruiert" praktisch den leiblichen Körper mit.

Karl O. Schmidt hält aufgrund dieses Umstandes eine recht eigenwillige These bereit. Er ist der Meinung, dass es sich hierbei

um das Ergebnis durch unbekannte Umstände ausgelösten psychischen Kontaktes der eben ins Dasein tretenden Seele des Johann Schuler mit der gerade in die geistige Welt hinübergleitenden Seele Kennedys handelt, die in Sekundenschnelle noch einmal ihr ganzes Leben vorüberziehen sah, wie das oft beim Tode der Fall ist. Diese Erinnerungsbilder wurden von der Psyche der gerade ins Leben tretenden Seele Johannes aufgefangen und so intensiv miterlebt, dass die Überzeugung entstand, Kennedy gewesen zu sein.[48]

Man kann sich nicht helfen: Schmidts These mutet doch sehr obskur und spekulativ an. Der Autor Rudolf Passian schreibt in seinem Buch *Wiedergeburt* über diesen Fall, dass hier eher in Johann Schuler ein naher Freund oder Bekannter der Kennedys wieder geboren sein könnte. Oder aber es handelt sich schlicht um die Reinkarnation eines „Kennedy-Fans".[49]

Johann Schuler könnte auch, da der Tod des beliebten US-Präsidenten über Jahre hinweg in den Medien ein brisantes Thema war, Bilder im Fernsehen oder in Zeitschriften vom Präsidenten, seiner Umgebung und seinem Leben gesehen haben. Selbst einem kleinen Kind dürfen wir zubilligen, dass es den Zusammenhang dieser Bilder verstehen wird. Informationen über das Privatleben der Kennedys gehören ebenso dazu, denn auch darüber wurde ja berichtet. Doch erklärt dies wirklich das Wissen über Details der Geschichte der USA? Und warum sollte der Junge „ärgerlich" über eine neue Ehe von Jackie gewesen sein, wenn er *nicht* Kennedy war?

Weitere, zum Teil erdrückende Indizien für die Stichhaltigkeit der Reinkarnationstheorie finden sich in den Arbeiten anderer Forscher. Der schwedische Internist John Björkhem etwa wertete im Rahmen seiner Reinkarnationsforschungen an die 600 Fälle aus und kam zu der Überzeugung, dass viele davon keine reine Erfindung sein können. So berichtet er zum Beispiel von einem Mann mit Namen Mirabelli, der – ohne je eine Fremdsprache erlernt zu haben – im Zustand der Hypnose 28 (!) verschiedene Sprachen schreiben konnte. Eine Frau aus den USA beherrschte in Trance eine orientalische Sprache, die fast schon vergessen ist. Und eine Sportlehrerin aus Großbritannien sei in der Lage, unter Hypnose das Altägyptisch zu sprechen, wie es in der 18. Dynastie gängig war.[50]

Der Psychologe Dr. Morris Netherton wurde bei seinen Forschungen mit einer Patientin konfrontiert, die ebenfalls schon einmal gelebt haben will. Sie behauptete, 1903 als Rita McCullum geboren worden zu sein. Ihr Leben jedoch verlief weniger glücklich, und so hatte sie sich am 11. Juni 1933 in einem Nebenraum ihres Schneidereigeschäftes in der Nähe der Siebten Straße im New Yorker Stadtteil Manhattan erhängt.

Da hier eindeutige Angaben vorlagen, ging Dr. Netherton der Angelegenheit genau nach:

Weil die einschlägigen Daten greifbar waren, fragten wir bei der New Yorker Stadtverwaltung nach. Wir lieferten ihnen die Details, die wir hatten, und baten darum, einen solchen Todesfall zu verifizieren. Mit der Post erhielten wir eine beglaubigte Fotokopie des Totenscheins für eine Frau namens Rita McCullum, der bestätigte, dass sie durch Erhängen gestorben war; die Adresse war irgendwo in den dreißiger Straßen im Westen, bis heute ein Zentrum der Bekleidungsindustrie. Das Todesdatum war tatsächlich der 11. Juni 1933, das Alter mit 30 Jahren angegeben. Das Geburtsjahr der Rita McCullum war also 1903 – wie es die Patientin angegeben hatte. [...]

Der „Fall Rita McCullum" scheint mir ein gutes Beispiel zu sein für meine eingangs aufgestellte Behauptung, dass es Fälle gibt, bei denen Reinkarnation einfach die logischste Erklärung ist.[51]

58

Da in Indien die Lehre der Wiedergeburt alltäglich und allgegenwärtig ist, verwundert es nicht, dass vor allem dort intensive Reinkarnationsforschungen betrieben werden. So untersuchten auch Professoren der indischen Universitäten von Allahabad, Benares und Lucknow mutmaßliche Fälle von Wiedergeburt. Der Fall des am 17. Januar 1944 in Neu-Delhi geborenen Mädchens Shanti Devi beeindruckte die Forscher besonders. Im Jahr 1953 gaben sie zu ihren Untersuchungen eine Erklärung heraus, in der es unter anderem hieß:

> Nach allen uns vorliegenden Erkenntnissen, die sich in der Untersuchung der Angaben von Shanti Devi ergeben haben, dürfen wir hier eine Bestätigung für eine echte Reinkarnation sehen. Die Rückerinnerungen bei diesem neunjährigen Mädchen an ein fünfundzwanzig Jahre zurückliegendes Leben sind mit normalen, wissenschaftlichen Mitteln nicht zu erklären.[52]

Sobald die kleine Shanti sprechen konnte, erstaunte sie ihre Eltern mit der Geschichte, sie heiße in Wahrheit Annes, lebe in der Stadt Muttra und sei mit dem Händler Ahmed Lugdit verheiratet. Beharrlich bestand sie darauf, nicht Shanti Devi zu sein.

Auch hier wandten sich die Eltern an einen Arzt, der Shanti auf eine eventuelle Geisteskrankheit hin untersuchen sollte. Doch dieser erkannte, dass sie gesund war. Durch Nachfragen bei den Behörden zeigte sich bald, dass in der Stadt Muttra tatsächlich ein Händler Ahmed Lugdit lebte, dessen Frau Annes am 25. Oktober 1928 am Kindbettfieber gestorben war.

Als Shanti nun auch damit begann, Details aus dem Haus und ihren angeblichen Mann genauer zu beschreiben (er sollte zum Beispiel einen Oberlippenbart und eine Narbe am rechten Oberarm haben), sahen sich ihre Eltern und die konsultierten Ärzte veranlasst, der Sache auf den Grund zu gehen. Die indische Regierung erklärte sich bereit, den damals 54 Jahre alten Witwer Ahmed Lugdit – den man tatsächlich ausfindig machen konnte –, seine neue Frau und seinen Sohn (angeblich Shantis Kind) auf Staatskosten nach Neu-Delhi zu bringen.

Bei einer Gegenüberstellung von 15 Männern erkannte Shanti „ihren" Mann sofort. Auch als das Forscherteam mit der kleinen Shanti in die ihr bis dahin fremde Stadt Muttra reiste, konnte sie Straßen und Häuser beschreiben, bevor man diese erreichte. Natürlich kannte sie sich auch im Haus von Ahmed Lugdit aus und suchte dort unter einem Fußbodenbrett nach einem Geldbündel, das sie dort einstmals versteckt hatte. Erstaunt gab Ahmed an, dass er exakt an dieser Stelle tatsächlich Geld gefunden habe, mit dem er sein Geschäft ausbaute.

Alle Zweifel an der Echtheit dieses Reinkarnationsfalles waren am Ende zerstreut. Man kam überein, dass in der neun Jahre jungen Shanti tatsächlich die 1928 verstorbene Annes weiterlebte.[53] Aber auch hier stellte sich die Frage, wo sich das Ich des Kindes zwischen dem Tod von Annes 1928 und Shantis Geburt 1944 befunden hatte. Und mag sich Shantis Seele, da sie 1991 (erneut?) starb, bereits wieder irgendwo reinkarniert haben?

Prominentestes Beispiel für die Wiedergeburt ist das Dogma der Seelenwanderung im tibetischen Buddhismus, demzufolge sich der tibetische Dalai-Lama in einer fortlaufenden Reihe von Leben reinkarniert – ebenso wie übrigens auch andere hohe Persönlichkeiten als Wiedergeburt verschiedener wichtiger religiöser Personen oder gar göttlicher Gestalten betrachtet werden.[54]

Allerdings wirft das Beispiel des Dalai-Lama ein Problem auf: Denn auch wenn der Buddhismus lehrt, dass die Seele sogar als Tier wieder geboren werden kann, so ist doch die Reinkarnation des Dalai-Lama immer ein Junge. Von vielen anderen Fällen indes wird berichtet, dass Männer als Frauen wieder geboren werden und umgekehrt. Wir dürfen also davon ausgehen, dass die Seele des Menschen kein Geschlecht hat oder wenigstens bei einer mutmaßlichen Wiedergeburt nicht dem vorherigen Geschlecht „treu bleibt". Warum sollte sich dann aber das Oberhaupt des tibetischen Buddhismus immer wieder als Knabe inkarnieren? Nur, um den Thron des – männlichen – Führers der Tibeter besteigen zu können? Eine Antwort darauf kann wohl nur der Glaube geben – die Wissenschaft weiß keine.

Ebenfalls Glaubenssache sind die Orte und Ereignisse, die nach den Vorstellungen der alten Völker im Jenseits auf die Seelen warten. Und neben all den anderen Rätseln stellt sich die bislang stiefmütterlich behandelte Frage: Was geschieht zwischen den einzelnen Wiedergeburten und in welchem zeitlichen Abstand erfolgen sie?

Kryptomnesie: Erinnerung an Unbewusstes

Ein sehr oft angeführtes Argument gegen die Wiedergeburt ist die Kryptomnesie. Unter diesem Terminus werden tief aus unserem Unterbewusstsein aufsteigende Erinnerungen an die verschiedensten Ereignisse, Personen und Dinge zusammengefasst, an die wir uns bewusst nicht mehr erinnern können. Wir haben sie „abgespeichert", als wir sie irgendwann und irgendwo einmal – und sei es beiläufig – aufschnappten, aber nicht in unserem Bewusstsein verarbeiteten. Das äußerst spannende, praktisch jeden Menschen betreffende Phänomen des Déjà-vu-Erlebnisses („schon einmal gesehen") etwa spielt sicherlich in diesen Themenkomplex hinein.

Der US-Forscher Melvin Harris[55] vergleicht das Kuriosum der Kryptomnesie mit einem riesigen Archiv des Geistes, in dem Zeitungsartikel, Fernsehsendungen, Gespräche und alle anderen und zugänglichen Informationsquellen abgelegt werden. Wir selbst erinnern uns aber nicht daran, dieses Wissen gespeichert zu haben. Wir wissen auch nicht, woher diese Erfahrung eigentlich stammt. Wir erkennen nur eigentlich völlig fremde Orte und Personen oder Situationen wieder, die sich gerade erst stellen, und meinen, dies alles schon einmal erlebt zu haben. Bei einer Wiedergeburt wäre dies wohl nicht der Fall, denn hier meint man ja, *früher* einmal gelebt zu haben. Eine identische Situation im jetzigen Leben ist folgerichtig ausgeschlossen.

Der Forscher Dr. Raymond E. Moody, der sich mit Nahtoderfahrungen beschäftigt, veröffentlichte hierzu einen interessanten Bericht über eine vermeintliche Reinkarnation seines Patienten Ted, seines Zeichens Psychologe. Ted unterzog sich aus beruflichem Interesse selbst einer regressiven Hypnose und „erinnerte" sich bei dieser Rückführung daran, dass er in einem früheren Leben als Indianer bei einem Stamm im Südwesten der USA gelebt hatte:

Ich befand mich inmitten einer aus Stein gebauten Wohnanlage. Außer mir war niemand da, aber die Bauten wirkten relativ neu und bewohnt. Ich konnte in der ganzen Anlage umherwandern. Es gab da auch kreisförmige Bauten, von denen ich instinktiv wußte, dass sie religiösen Zwecken dienten. Der Boden in diesen Rundbauten war vertieft angelegt, und die Fensteröffnungen waren so gesetzt, dass das einfallende Licht eine feierliche Atmosphäre schuf. Ich sah mir das alles an und ging dann weiter.

In einer Szene trat ich gebückt durch eine Türöffnung in einen Raum hinein. Es war eine abgeschlossene Wohnung. Über und neben ihr lagen andere Wohnungen. Ich hatte das Gefühl, dass dies hier meine eigene Wohnung war.

In einer anderen Szene stand ich mitten in dieser Anlage auf einem Erdhügel und betrachtete die Landschaft ringsum – die Berge, die grünen Hänge und die weit ins sonnenüberflutete Land hineinlaufenden Täler. Ich fühlte eine große Freiheit und eine große Verbundenheit mit diesem Ort in mir.[56]

Jeder Reinkarnationsforscher würde hier ein früheres Leben des Psychologen vermuten, das sich durch die regressive Hypnose offenbarte. Auch Ted selbst war über das Ergebnis seiner Sitzung erstaunt und suchte nach einer Erklärung. Doch als Ted einige Monate später bei seinen Eltern zu Besuch war, legte seine Mutter einen lange vergessenen Schmalfilm ein, den sie beim Aufräumen wieder gefunden hatte. Erstaunt sah Ted dabei auf der Leinwand genau das, was seine vermeintliche Erinnerung erbracht hatte. Sein „Wissen aus einem früheren Leben" war nichts weiter als die Kindheitserinnerung an einen Ausflug in den Südwesten, bei dem sein Vater als Hobbyfilmer ein indianisches Dorf in einem Cañon aufgenommen hatte. Ted hatte die bewussten Erinnerungen an diesen Urlaub „vergessen", sie waren nur noch in seinem Unterbewusstsein vorhanden.

Wie bereits angedeutet, gehen die Meinungen darüber auseinander, ob man überhaupt eine regressive Hypnose bei der Wiedergeburts- und auch UFO-Forschung anwenden sollte. So haben verschiedene Rückführungen unter Hypnose zum Teil auch angebliche Vorleben ans Tageslicht gebracht, die sich auf fremden Planeten abgespielt haben sollen. Beispielsweise berichten die Reinkarnationsforscher Salomé Mauel und Artur F. Körner vom Interessenkreis Reinkarnation Bonn/Remagen von einem Fall, bei dem sich eine 40-Jährige unter Hypnose daran „erinnerte", dass sie ein außerirdischer Wissenschaftler vom Stern Alpha Centauri gewesen sei und sich mit Gentechnik beschäftigt habe. Die vermeintlich authentische Rückführung förderte allerdings sehr esoterische „Weisungen" der Aliens zutage.[57]

Auch kann die Hypnose an sich ein höchst suggestives Erlebnis sein. Dabei ist der Therapeut durchaus in der Lage, dem Probanden ganze Szenerien und Situationen einzugeben. Der Hypnotiseur William Bryam führte zum Beispiel einst einen „Wortassoziationstest" durch. Er gab dem Hypnotisierten schlicht die Wörter „Klapperschlange" und „Massaker" vor. Wie auf Kommando schilderte die Patientin nun ein angeblich vergangenes Leben, in dem ihre Familie von feindlichen Indianern niedergemetzelt worden war; sie selbst war kurze Zeit später am Biss einer Klapperschlange gestorben. Der Mediziner Dr. Michael Schröter-Kunhardt, Assistenzarzt am *Zentrum für Psychiatrie* in Weinsberg, hat mehrfach auf diese suggestiven Eigenschaften der Rückführungen hingewiesen.[58]

All die bislang erörterten Vorstellungen von alten Religionen und Kulten haben gemeinsam, dass sie auf reinem Glauben und nicht auf Wissen fußen. Und doch: Gerade in den letzten Jahrzehnten haben wir zum Thema Seele und Tod erstaunliche Einsichten gewonnen. Parapsychologen verweisen immer wieder darauf, dass es ihrer Meinung nach *Beweise* für ein Leben nach dem Leben bzw. für eine Reinkarnation gibt. Diese Beweise sollen in den folgenden Kapiteln diskutiert werden.

Dem Tode so nah

An der Schwelle zwischen zwei Welten

Was geschieht, wenn wir sterben? Eine Antwort auf diese zentrale Frage liefern Medizin und Naturwissenschaften, aber auch Zeugnisse von Sterbenden. So strahlte der Fernsehsender VOX Ende 1998 eine Sendung aus, die die letzten Tage eines Mannes dokumentierte. Der eigentliche, ungeschönt gezeigte Tod des Mannes wurde von Fachleuten bis in alle Einzelheiten erläutert.[59]

Doch dieser Filmbericht präsentierte lediglich Fakten darüber, wie der körperliche Tod des Menschen abläuft und was dabei mit bestimmten Organen und Körpersystemen geschieht. Auf die Frage „Und was dann?" gab der Film hingegen keine Antwort.

Jenseits aller Konfessionen

Hier verlassen wir den Bereich der gesicherten Erkenntnisse und betreten neues Territorium – ein Territorium übrigens, das schon immer die Fantasie der Menschen beflügelt und in jüngster Vergangenheit auch Esoterikern, Medizinern und Parapsychologen Kopfzerbrechen bereitet hat: das faszinierende Feld der Nahtoderfahrungen (NTE). Darunter fasst man die Aussagen von Menschen zusammen, die schon einmal im Sterben lagen und dem Tod sehr nahe kamen. Sie *waren* – aus medizinischer Sicht – zum Teil sogar tot und berichteten, nachdem sie wieder belebt werden konnten, von sehr sonderbaren Dingen.

Nahtoderfahrungen sind jedoch keine neuzeitliche Erfindung – die offenbar steigende Zahl derartiger Schilderungen hängt schlicht und ergreifend mit dem medizinischen Fortschritt zusammen. Menschen in Notfallsituationen können heute schneller und erfolgreicher behandelt und ins Leben zurückgerufen werden als früher. Auch ist das Rettungsnetz in den Industrieländern so engmaschig geworden, dass viele Unfallopfer der kalten Hand des Todes wieder entrissen werden können.

Nahtoderfahrungen hinterlassen immer einen grundlegend veränderten Menschen, der „intensiver" und „bewusster" lebt, und sind offenbar an kein religiöses System gebunden: Denn Menschen aller Konfessionen und Religionen schildern stets Erlebnisse, die in ihren wesentlichen Inhalten übereinstimmen – und zwar unabhängig von Alter, Bildungsgrad, Schicht, Nationalität oder Glaubensbekenntnis.

Heute, da viele Menschen der Kirche mehr oder weniger den Rücken kehren, scheinen NTEs eine neue Art des Rückhalts zu bieten. Und selbst wer nicht aus der eigenen religiösen Gemeinschaft austritt, zimmert sich oft genug im Laufe der Zeit seine eigene Vorstellung vom „Leben nach dem Tod" zusammen. Eine Emnid-Umfrage im Auftrag des Nachrichtenmagazins *Der*

Spiegel von 1999 erbrachte hierzu erstaunliche Resultate: So bejahten 54 Prozent der Westdeutschen die Frage, ob es ein Leben nach dem Tod gebe, während dies nur 20 Prozent der Ostdeutschen taten – 79 (!) Prozent von ihnen waren nämlich der Ansicht, dass es kein Leben nach dem Leben gibt. Auch standen den 13 Prozent der Ostdeutschen, die an Gott glaubten (13 Prozent bezeichneten sich als nicht gläubig), in Westdeutschland 59 Prozent der Bürger gegenüber.[60]

Diese Ergebnisse machen deutlich, dass der Glaube an ein Leben nach dem Tod offenbar sehr eng mit dem Glauben an einen Gott verbunden ist. So lassen sich die ostdeutschen Zahlen damit erklären, dass zu Zeiten der DDR kirchliche Organisationen und Religion im Allgemeinen von der sozialistischen Regierung mehr oder weniger unterdrückt wurden. Glaubenssache war eben Staatssache. Was die christliche Kirche betrifft, so stellt auch sie sich, wie bereits dargelegt, ganz entschieden *gegen* die Reinkarnation der menschlichen Seele: Denn diese Vorstellung lasse sich laut kirchlicher Doktrin nicht mit dem „wahren Glauben" vereinbaren.

Klassische Elemente der NTE

NTEs werden heute für allerlei verschiedene Hypothesen über das Sterben bemüht. Das Spektrum der Interpretation reicht dabei vom Aufstieg in den Himmel über reine „Schutzmaßnahmen" des Körpers vor dem Sterbevorgang an sich bis hin zu einem Abstieg in die Hölle. Letzteres lässt sich darauf zurückführen, dass einige Menschen auch sehr negative Erfahrungen in der Nähe des Todes hatten, in denen sie von dämonischen Gestalten bedrängt wurden und erschreckende Szenarien erlebten.

Die Erfahrungen zwischen dem Leben und dem Tod von Menschen sind vielfältig, dennoch wiederholen sich verschiedene Muster offenbar immer wieder. Oft berichten die Betroffenen von einer außerkörperlichen Erfahrung, bei der sie ihren Körper verlassen hätten und über ihm geschwebt wären; ferner wird auch von einem wunderbaren Licht am Ende eines Tunnels oder der Begegnung mit einem Lichtwesen erzählt oder auch davon, dass das eigene Leben in Sekundenbruchteilen wie ein Film noch einmal abgespult worden sei. Nicht alle NTEs scheinen indes diesem Schema zu folgen, denn nicht jeder NT-Erfahrene erwähnt auch all diese Elemente.[61]

Mit zwei Erklärungsmodellen versucht die Wissenschaft, dem Phänomen NTE beizukommen: Entweder, so die erste These, wir haben es hier mit rein physiologischen Vorgängen zu tun, die unser Körper (vor allem das Gehirn) in die Wege leitet, um uns das Sterben zu erleichtern. Oder aber, zweitens, wir haben hier den Beweis vor uns, dass die Seele oder das Bewusstsein des Menschen nach seinem Leben auf der Erde in einer anderen Form und einer anderen Dimension weiterlebt.

Dies würde die physikalische Tatsache des so genannten Energieerhaltungssatzes stützen, der besagt, dass Energie niemals verloren gehen kann. Sie wird lediglich in andere Energieformen umgewandelt. Nichts, was auf der Erde ist, „verschwindet". Sollte also die Seele des Menschen auch eine Form von Energie darstellen, dann kann sich diese Energie aufgrund der erwähnten naturwissenschaftlichen Gesetze nicht einfach in Luft auflösen. Sie wird in anderer Form weiter existieren.

Schwellenberichte von Kindern

Besonders interessant sind NTEs, wenn sie von Kindern erlebt werden. So berichten zum Beispiel die NTE-Forscher Melvin Morse und Paul Perry in ihrem Buch *Verwandelt vom Licht* von einer Frau, die als Kind eine derartige Erfahrung zwischen Leben und Tod machte. Als Erwachsene erinnerte sie sich noch sehr deutlich an dieses außergewöhnliche, zugleich aber „klassische" Erlebnis:

Mit neun Jahren wurde ich aus einem unerfindlichen Grund krank. Ich hatte 41 Grad Fieber oder mehr und war einige Male beim Arzt. Als offensichtlich wurde, daß es nicht aufwärts ging mit mir, mußte ich auf die Entscheidung des Arztes hin ins Krankenhaus. Das brachte mir aber auch keine Besserung. Im Laufe der nächsten Tage stieg das Fieber sogar noch. Sie machten alle nur erdenklichen Tests mit mir, konnten aber die Ursache für das Fieber nicht finden.

Schließlich entschied ein Team von drei oder vier Kinderärzten, sie müßten das Fieber herunterbringen oder ich würde einen Hirnschaden erleiden. Ich war inzwischen schon sehr schwach, und die Ärzte gaben ihrer Besorgnis

Ausdruck, daß ich dieses Fieber nicht mehr lange würde überstehen können.

Zuletzt beschlossen die Ärzte, dramatische Maßnahmen zu ergreifen: Sie zogen mich nackt aus und packten mich zwischen Eiswürfel mit einem Leintuch über dem Ganzen. Eine Schwester stand daneben, um alle paar Minuten meine Temperatur zu messen.

Als sie mich auf diese Weise ganz einpackten, wurde ich ohnmächtig. Ich kam mir vor, als ob ich schwebte, und alles um mich herum war dunkel und angenehm. Und dann kam er, dieser Tunnel aus Licht mit dem ungemein hellen Licht am Ende.

Irgend etwas stand bei mir, durch diesen Tunnel hoch zu kommen. Als ich an seinem Ausgang anlangte, hatte ich eine wunderschöne Aussicht: Vor mir lagen lauter Blumenwiesen, und rechts von mir lief eine hübsche Straße, und die Bäume waren bis zur halben Höhe weiß angestrichen, und ein weißer Zaun war auch da. Es war wunderschön.

Und auf der Wiese ganz rechts waren die phantastischsten Pferde, die ich je gesehen hatte. Ich mußte zwar über zwei Zäune klettern, wenn ich zu ihnen hinkommen wollte, aber mit meinen neun Jahren war das kein Problem, und ich machte mich auf den Weg.

Nachdem ich ein Stück in diese Richtung gelaufen war, tauchte neben mir so ein weißes Licht auf, so eine Erscheinung, die freundlich und gar nicht bedrohlich war. Die Erscheinung sagte: „Wohin willst du?" Und ich antwortete: „Ich möchte da hinüber." Und sie sagte darauf: „Prima! Gehen wir zusammen!"

Unterwegs gab es Blumen, deren Namen ich nicht kannte, und ich fragte, wie sie heißen, und ich pflückte welche.

Und dabei redete ich mit diesem blendenden weißen Licht, das alle Farben hatte und gleichzeitig gar keine Farbe. Und es hatte an sich kein Gesicht mit Gesichtszügen, aber das störte mich gar nicht. Ich erinnere mich, daß ich zurückschaute und durch den Tunnel auf die Leute hinuntersah, die da alle um mein Bett herumstanden, und es kümmerte mich nicht, daß ich hier oben war und mein Körper da unten. Es ging mir sogar sehr gut dabei.

So redete ich also mit diesem Licht und wanderte zu diesen Pferden hinüber. Und gerade hatte ich das Bein über den obersten Querbalken des Zauns geschwungen und wollte auf die Pferdeweide, als so eine Stimme aus dem Nichts sagte: „Was macht sie denn da?" Und das Licht antwortete: „Sie will zu den Pferden." Und die Stimme sagte: „Das geht nicht. Ihre Zeit ist noch nicht gekommen. Sie muß zurück."

In dem Moment umklammerte ich den Querbalken, weil ich nicht zurück wollte. Das war das Allerletzte, was ich wollte. Und dann haben die Stimmen und das weiße Licht noch ein wenig miteinander gesprochen und beschlossen, daß ich zurückkehren müsse. Da rastete ich völlig aus. Ich klammerte mich am Zaun fest und schlang die Arme und Beine drum herum und ließ nicht los. Die Stimme lachte nur: „Komm, das kannst du später noch haben. Aber jetzt ist nicht die Zeit dafür. Und einen Wutanfall zu kriegen tut dir gar nicht gut." Und ohne mein Zutun schwebte ich über die Weide und hinein in den Tunnel und war auf dem Rückweg. Und ich schrie und kreischte, beißend und um mich schlagend, doch diese Hand führte mich sachte in den Tunnel hinunter, den ich hochgekommen war. „Warum kann ich denn nicht bleiben?" zeterte ich. „Weil es für dich noch etwas zu tun gibt", erwiderte die Stimme. Und ich spürte, wie diese Hand mich sanft durch denselben Tunnel, den ich heraufgekommen war, wieder hinunterführte und ich in meinen Körper hinunterschnellte.

Ich weiß noch, wie ich in meinem Bett lag und zu einem Arzt hochschaute, der erschrocken neben meinem Bett stand. Mit einem Seufzer der Erleichterung sagte er zu einer der Schwestern: „Ach, wie gut! Sie ist zurück!"[62]

Diese detaillierte Erinnerung der Frau an ihr Kindheitserlebnis mit neun Jahren wirft etliche Fragen auf, die uns im Folgenden zum Teil erneut begegnen werden, aber kaum zu beantworten sind.

Die NTE beginnt hier – wie so oft – mit einer außerkörperlichen Erfahrung, was jedoch zunächst keine Rolle spielen soll. Viel interessanter ist die Tatsache, dass die Frau und mit ihr viele andere NT-Erfahrene aus aller Welt im Jenseits Straßen und andere Zeugnisse einer „Zivilisation" sahen. In diesem Beispiel sah die Betroffene sogar fraglos zweckgebundene Dinge, die wir eher auf der Erde vermuten würden. Zäune um Pferdekoppeln sowie halb angestrichene Bäume sind nicht das, was man nach dem Tod erwarten würde. Falls all dies real ist, muss sich jemand die Arbeit gemacht haben, die Bäume zu streichen sowie die Zäune und auch eine „hübsche Straße" anzulegen.

Im Unterschied zu den gängigen Jenseitsvorstellungen der Religionen und Sekten betrat die Seele dieses Mädchens also ein „Reich", in dem gearbeitet wurde. Doch vor allem die Schilderungen von schönen Blumenwiesen ist ein typisches Merkmal der NTE: Eine ganze Reihe von Menschen wollen an der Schwelle zum endgültigen Tod derartige Landschaften gesehen haben.

Dass in diesem Beispiel viel über die wunderbaren Pferde gesprochen wird, ist sicherlich auf das Alter der Betroffenen zurückzuführen. Auch ihre kindischen Versuche, sich der Rückkehr zu widersetzen, entsprechen dem Entwicklungsstadium eines Kindes. Doch auch erwachsene Menschen berichten, sie hätten dieses Reich der Schönheit nur widerstrebend verlassen und wären am liebsten für immer geblieben. Dies ist eine der Hauptmerkmale von NTEs: Man will schlicht nicht zurück in den auf Erden leidenden Körper.

Dass die Betroffenen beim „Hinüberschweben" in die jenseitige Welt von herrlicher Natur erwartet werden, entspricht dem, was sie persönlich als schön, himmlisch oder gar paradiesisch empfinden. Abweichungen in den Details sind dabei sicherlich auf das erlebende Individuum und seine persönlichen Vorlieben zurückzuführen.

Wenn das Ich den Körper verlässt

Außerkörperliche Erfahrungen und Astralkörperaustritte

Die außerkörperliche Erfahrung (Out of Body Experience, OBE) und der Astralkörperaustritt sind ebenfalls hoch interessante Elemente der NTE. Wenn wir der Vorstellung beipflichten, dass die Seele bzw. der Astralkörper des Menschen eine Art von Energie innerhalb des physischen Körpers darstellt, so steht zu erwarten, dass das Ich beim Sterben den Körper verlässt. Dann „schwebt" die Seele über dem Leib.

Die OBEs wurden gerade in den letzten Jahren intensiver erforscht. Sie treten nicht nur bei NTEs auf, sondern auch bei angeblichen UFO-Entführungen – ja, einige Menschen sollen sogar in der Lage sein, willentlich ihren Körper zu verlassen.

Der Mediziner Dr. Raymond A. Moody untersuchte zahlreiche NT-Erfahrene und in diesem Zusammenhang auch immer wieder OBEs, die zwischen Leben und Tod gemacht wurden. Einer seiner Probanden berichtet besonders eindrücklich von seiner OBE:

Als ich siebzehn war, arbeitete ich zusammen mit meinem Bruder in einem Vergnügungspark. Eines Nachmittags beschlossen wir, schwimmen zu gehen, und eine ganze Reihe anderer junger Leute schloß sich uns an. Einer rief: „Auf geht's, schwimmen wir über den See!" Das hatte ich zwar schon unzählige Male gemacht, aber an diesem Tag – warum, weiß ich nicht – ging ich fast in der Mitte des Sees unter [...]

Ich trudelte immer auf und nieder, und dann hatte ich auf einmal das Gefühl, als ob ich mich in einiger Entfernung von meinem Körper befände, abseits auch von den anderen, in einem Bereich ganz für mich. Obwohl ich mich beständig auf der gleichen Höhe hielt, sah ich meinen Körper etwa einen Meter vor mir im Wasser auf und nieder taumeln. Ich sah ihn von hinten, ein bißchen von schräg rechts her. Ich hatte immer noch den Eindruck, eine ganze Körpergestalt zu besitzen, obwohl ich mich doch außerhalb meines Körpers befand. Ein fast unbeschreibliches Gefühl der Leichtigkeit erfüllte mich; ich kam mir vor wie eine Feder.[63]

Auf eine ebenfalls sehr interessante OBE stieß der Testpsychologe Gerd W. Höchsmann: Der 31-jährige Lkw-Fahrer Erwin Wenk (Pseudonym) sollte im Spätsommer 1994 eine Ladung Kohle vom Güterbahnhof Mannheim zu einer örtlichen Firma fahren. Doch an diesem Tag kam es zu einem tragischen Unfall:

Ich fuhr schon nach einer Viertelstunde bei der Firma vor. Man wies mich an, dicht neben einer Mauer an die Schüttgrube heranzufahren. Das war kein Problem für mich, aber dann wurde es haarig: Als ich das Fahrzeug zum Stillstand gebracht hatte, ging ich nach hinten, um die Splinte der Ladeklappe zu lösen. Ich weiß bis heute nicht, wie es dann passierte. Die Ladeklappe sprang auf, noch ehe ich die Hand erhoben hatte. Die Hydraulik hatte die Ladefläche schon angehoben, und mit einem Mal donnerte die ganze Ladung Koks auf mich herab. Mir blieb keine Zeit, um Hilfe zu rufen oder mich sonstwie bemerkbar zu machen. Im Nu war ich vollständig vom Koks verschüttet. Mit großem Gewicht wurde ich an die Mauer gedrückt und verlor auf der Stelle das Bewußtsein.

Dann geschah etwas total Merkwürdiges. Auf einmal flog oder schwebte ich zu meinem Erstaunen über dem abgerutschten Schutthaufen, sah noch den Kohlenstaub, der sich wolkig ausbreitete, und wartete in aller Gelassenheit ab, was sich nun ereignen würde. Jemand schrie, dass der Fahrer verschüttet sei, ein anderer telefonierte mit der Feuerwehr, und nach wenigen Minuten tönten die Martinshörner durch die Straßen. Bald nahm die Zahl der Helfer zu. Einige Männer schaufelten fleißig den Koks zur Seite. Man nahm wohl an, ich müßte elend ersticken. Wie kam es aber, dass mich das bei meinen Beobachtungen eigentlich gar nicht interessierte? Ich sah, wie ich ausgegraben wurde, auf eine Trage geschnallt wurde, in den roten Rettungswagen der Feuerwehr geschoben und mit Karacho ins Krankenhaus gefahren wurde.

Es dauerte lange, bis ich nach der Notoperation wieder zu mir kam, aber als außen schwebender Beobachter hatte ich mir alles mit großer Ruhe angeschaut. Heute bin ich deswegen ein anderer Mensch geworden, sehe vieles gelassener, vor allem macht mir die Aussicht auf den unvermeidbaren Tod keine Angst mehr.[64]

Erwin Wenk scheint sich während dieses schrecklichen Erlebnisses die ganze Zeit außerhalb seines Körpers befunden zu haben. Dass der Betroffene angab, er habe gesehen, wie man ihn aus dem Koks herausschaufelte, ist aber noch kein Beweis für eine OBE. Denn da er später im Krankenhaus wieder erwachte, wusste er, dass man ihn aus dem Berg Kohle befreit hatte. Er könnte auch unter der enormen Last diese Bilder der Rettung „gesehen" haben, als er merkte, dass Kollegen über ihm zu schaufeln begannen. Dennoch bleibt zu bedenken, dass der Betroffene das deutliche Gefühl hatte, sich nicht mehr in seinem Körper zu befinden.

Die OBE ist unter allen Erfahrungen an der Schwelle zum Tod mit Sicherheit eines der interessantesten Phänomene. Außerkörperliche Erfahrungen laufen oftmals spontan ab, vor allem natürlich in Krisensituationen, die beinahe tödlich enden. Eine solche OBE widerfuhr einem 19-Jährigen bei einem schweren Verkehrsunfall. Er berichtete:

Es war etwa vor zwei Jahren, als ich gerade neunzehn geworden war. Ich fuhr einen Freund mit dem Wagen nach Hause. Als ich an diese eine Kreuzung da in der Innenstadt kam, fuhr ich langsam und schaute nach rechts und links, konnte aber absolut nichts kommen sehen. Ich fuhr also weiter, doch da hörte ich meinen Freund schon gellend schreien und sah dann sofort ein blendendes Licht – die Scheinwerfer des Wagens, der auf uns zugerast kam. Ich hörte ein ganz fürchterliches Krachen – als der Wagen an der Seite eingedrückt wurde –, und dann kam ein kurzer Augenblick, in dem mir schien, als ob ich mich durch Dunkelheit, einen dunklen geschlossenen Raum, hindurchbewegte. Das ging alles sehr rasch. Und dann auf einmal schwebte ich offenbar über der Erde, vielleicht eineinhalb Meter vom Boden und etwa fünf Meter vom Auto entfernt, würde ich sagen, und da hörte ich gerade noch das Echo des Zusammenstoßes langsam verhallen. Ich sah zu, wie jetzt von allen Seiten Leute herbeigelaufen kamen und sich um den Wagen sammelten und wie mein Freund ausstieg, offensichtlich noch im Schock. In den Trümmern inmitten all dieser Leute erblickte ich meinen eigenen Körper und beobachtete, wie sie ihn herauszuziehen versuchten. Meine Beine waren völlig verrenkt, und alles war voll Blut.[65]

Die Erfahrung, dass das Ich den physischen Körper verlässt, ist nach der Theorie des Weiterlebens der Seele nach dem irdischen Tod relativ einfach zu erklären: Der

79

Astralkörper schlüpft aus der irdischen „Hülle", um ins Jenseits einzuziehen. Allerdings sind OBEs nicht zwingend an Nahtoderfahrungen gebunden. Astralkörperaustritte unterscheiden sich in einem Punkt von den NTEs: Bei einer NTE stirbt der irdische Körper, und die Seele tritt ihre Reise ins Jenseits an. Bei einem „gewöhnlichen" Austritt ist dies jedoch nicht der Fall.

Einige Menschen behaupten, dass sie ihren Körper verlassen hätten, ohne dem Tod nahe zu sein. Selbst vorsätzliche Astralkörperaustritte sind, wie oben angedeutet, bekannt geworden. Und damit nicht genug: Wirft man einen Blick in einschlägige Publikationen aus dem paranormalen Bereich oder ins Internet, so finden sich dort regelrechte Gebrauchsanweisungen, wie man seinen Körper „verlassen" kann.

Dabei ist das Phänomen der OBE keine moderne „Erfindung", sondern schon seit vielen Jahrhunderten bekannt. So berichtet beispielsweise schon der griechische Schriftsteller Plutarch (ca. 46–ca. 120) von einem Mann mit Namen Aridaeus, der, nachdem man ihn bewusstlos geschlagen hatte, eine OBE durchmachte. Dabei traf er sogar auf Tote, darunter einen verstorbenen Onkel. Dieser begrüßte Aridaeus freundlich und teilte ihm mit, dass er noch gar nicht sterben müsse. Seine Seele sei weiterhin an seinen irdischen Körper gebunden – recht ähnlich übrigens, wie es auch von heutigen NTEs beschrieben wird.

Und auch Augustinus (354–430), Bischof von Hippo, schrieb, dass Senator Curmas sehr schwer erkrankte und nach einigen Tagen tiefer Ohnmacht seltsame Dinge berichtete. So sagte er, er habe während dieser

Zeit Tote getroffen, die ihm jedoch gesagt hätten, dass er noch lebte. All dies will er außerhalb seines physischen Körpers erlebt haben.[66]

Zurück in die Gegenwart: Der PSI-Forscher Reinhard Fischer, Autor des Buches *Raumfahrt der Seele*, will zu jenen „Auserwählten" gehören, die sozusagen auf Kommando ihren physischen Leib verlassen können. Die Beschreibung seines ersten willentlich herbeigeführten Erlebnisses dieser Art im November 1962 ähnelt denen anderer Autoren:

> Es war in den Morgenstunden, ca. 4 Uhr. Ich legte mich auf den Bauch und dachte, daß es leichter sein müsse, mit dem Geistkörper durchs Bett zu fallen. [...] Nun konzentrierte ich mich mit geschlossenen Augen darauf, das Bett mit meinem Geiste zu durchdringen. Diese Konzentration begleitete ich mit einer großen Sehnsucht nach einer anderen Welt. Ich wollte in einen schönen Garten voll prächtiger Blumen gelangen.
>
> Nach einigen Minuten äußerster Konzentration geschah aber noch nichts. Ich merkte, daß ich noch entschlossener handeln müßte, wenn ich das Ziel erreichen wollte. Ich behielt die Entspannung und Konzentration bei, entwickelte aber zusätzlich eine besondere Atemtechnik. Beim Ausatmen dachte ich, jedesmal einige Zentimeter durchs Bett zu sinken; beim Einatmen versuchte ich, den erreichten Stand beizubehalten. Beim folgenden Ausatmen verstärkte ich den Druck nach unten nochmals. Diesen Rhythmus behielt ich bei. Nach geraumer Zeit erhöhte sich der Druck immer mehr. Alles Blut schien mit gewaltiger Kraft hinab gepreßt zu werden. Ich setzte die Übung mit erhöhter Energie fort.

Mein Körper wurde unerträglich schwer und der Druck nach unten so groß, daß ich glaubte, mein Gewicht übertreffe das Zehn- bis Zwanzigfache meines Normalgewichtes. Plötzlich schossen „elektrische" Ströme in meinen Körper, und er begann stark zu vibrieren. Im Nacken war der Druck unerträglich konzentriert. Mein Körper vibrierte nun so stark, daß das Bett mitbewegt wurde. Meine rechte Hand lag am Oberschenkel an; mit letzter Kraft kniff ich mich ins Bein und merkte, daß ich schmerzunempfindlich war.

In diesem Moment wurde mein Körper ganz steif. Der Druck nach unten sowie der erhöhte Druck im Nacken waren nun so stark, daß ich mich entschloß, mit einem letzten energischen Anlauf den Durchbruch zu erzwingen. Ich erhöhte meine Sehnsucht nach einer anderen Welt bis zum letzten Maß. Unter einem ungeheuren körperlichen Druck, dessen Gewalt ich nicht mehr beschreiben kann, einem Frostgefühl auf der Haut sowie einer enormen inneren Erhitzung drang mein Geistkörper endlich durch das Bett hindurch in einen Raum, der mit dem gewohnten nichts mehr zu tun hatte.

Was sich nun abspielte, war eine Sache von Sekunden. Der riesige Druck war wie weggeblasen; ich fühlte mich wunderbar befreit von jedem Körpergefühl. Plötzlich merkte ich, daß ich ein Doppelbewußtsein hatte. Mein Bewußtsein im physischen Körper arbeitete ohne Unterbrechung weiter, aber ebenso war ich im Geistkörper bewußt, der sich in Bewegung nach unten befand. [...] Während nun der zweite Körper mit meinem ganzen Bewußtsein in einem staken „magnetischen" Sog nach unten fuhr, jagten sich meine Gedanken mit großer Eile. [...] Mit einer gewaltigen Willensanstrengung unterbrach ich den magnetischen Strom und riß mich in den physischen Körper zurück.

Das Eintauchen geschah ohne jede Vibration. Wieder im physischen Körper, war ich mir sofort bewußt, den Geistkörper abgetrennt zu haben [...].

Nachdem sich Angst und Bedenken etwas gelegt hatten, wagte ich an den folgenden Tagen neue Versuche.[67]

Nicht nur Fischer besitzt nach eigenen Angaben die Gabe, den physischen Körper nach Gutdünken verlassen zu können. Sehr bekannt ist vor allem Robert A. Monroe, „der Mann mit den zwei Leben". Auch Monroe schildert das Verlangen, bei einer Astralreise in seinen eigentlichen Leib zurückkehren zu wollen – eine Eigenart, die praktisch alle Menschen schildern, die im Rahmen einer bewussten OBE ihren Körper verließen.

In seinem Buch *Journeys out of the Body* findet sich eine interessante Begebenheit, die besonders im Hinblick auf NTE-Beschreibungen von Bedeutung ist. Bei einer seiner zahlreichen Experimente außerhalb seines festen Körpers traf Monroe nämlich auf eine Verstorbene:

Ich war gerade dabei, meinen materiellen Körper zu verlassen, als ich an der Tür etwas bemerkte. Es war eine weiße Gestalt, in Form und Größe einem Menschen ähnlich [...]. Die Gestalt bewegte sich ins Zimmer herein, ging um das Bett herum und, auf Armeslänge von meinem Bett entfernt, ins Bad. Ich sah, dass es eine Frau von mittlerer Statur, mit glattem, dunklem Haar und ziemlich tiefliegenden Augen war, weder jung noch alt. Sie hielt sich nur wenige Sekunden im Badezimmer auf, dann kam sie heraus und ging abermals ums Bett. Ich setzte mich auf und griff hinüber, um sie zu berühren. Ich wollte wissen, ob ich das wirklich konnte [...] Dann streckte sie beide Arme aus, nahm meine Hand in ihre Hand und umklammerte sie. Die Hände fühlten sich wirklich normal warm und lebendig an. Sie drückte leicht meine Hand, ließ sie sanft los, bewegte sich ums Bett und durch die Tür aus dem Zimmer.[68]

War Robert Monroe also tatsächlich mit seiner Seele ins Reich der Toten gelangt? Monroe sah sich darin einige Zeit später bestärkt. Als er seinen Nachbarn, den Psychiater Samuel Kahn, kennen lernte, erzählte dieser ihm, dass in seiner Wohnung zuvor eine andere Frau gewohnt habe, die inzwischen gestorben sei. Kahn kramte ein Foto der Verstorbenen hervor – und darauf erkannte Monroe jene Gestalt, die er bei seiner OBE in der „anderen Welt" getroffen hatte!

Der deutsche Arzt Dr. Josef Issels, ein Spezialist für Krebserkrankungen, wurde einst mit einem sehr interessanten Fall einer OBE konfrontiert. Eine schwer kranke ältere Frau lag in seiner Klinik in Bayern und berichtete ihm eines Tages bei der Visite, dass sie in der Lage sei, ihren Körper zu verlassen. Dabei schilderte sie Dr. Issels Erstaunliches:

Doktor, wissen Sie, dass ich meinen Körper verlassen kann? Ich werde Ihnen das auch jetzt gleich beweisen. Wenn Sie ins Zimmer 12 gehen, sehen Sie eine Frau, die gerade ihrem Mann einen Brief schreibt. Sie hat nun die erste Seite beendet. Ich habe ihr eben dabei zugesehen.[69]

Nun schilderte sie ihre Erfahrung und das, was sie dabei in Zimmer 12 gesehen haben will, genauer. Dr. Issels war beeindruckt und ging in besagtes Zimmer, um sich zu vergewissern: „Was ich dort sah, entsprach genau den Angaben der Patientin, sogar der Inhalt des Briefes. Ich ging zurück, um mir das erklären zu lassen. Aber sie war während meiner Abwesenheit gestorben."[70]

Liegt hier ein Betrug der todkranken Patientin und der Patientin von Zimmer 12 vor? Auszuschließen ist dies nicht, doch sollte die Frage erlaubt sein, ob im Sterben liegende Menschen in einer Klinik Interesse an solchen „Scherzen" haben.

Neben den hier genannten Beispielen von Astralkörperaustritten bei NTEs und bei Selbstversuchen existieren nicht wenige Berichte, die eine andere Motivation für OBEs nennen: So sollen auch Menschen in Extremsituationen – vor allem unter Folter oder bei Kopfverletzungen – dazu in der Lage sein, ihren Körper zu verlassen: quasi um sich vor den schrecklichen Leiden des physischen Körpers zu schützen.

Die britische Geheimagentin Odette Hallowes wurde während des Zweiten Weltkrieges in Deutschland eingesetzt. Eines Tages geriet sie in die Fänge der Gestapo, wurde verhaftet und gefoltert. Doch immer, wenn diese grausamen Torturen eine gewisse Grenze in ihrem Schmerzempfinden überschritten, merkte die Agentin, dass sich offenbar ihr Astralkörper vom Leib trennte und die Szene aus der Distanz beobachtete.[71]

Auch Bergsteiger, die abgestürzt waren, aber dank der Sicherungen ohne größere Verletzungen überlebten, schildern zum Teil, dass sie eine NTE hatten. Bemerkenswert ist daran der Umstand, dass hier offenbar das Gefühl der – eigentlich grundlosen – Todesangst als Motivation für die NTE ausreichte. Um solche Begebenheiten von „normalen" NTEs abzugrenzen, prägte man deshalb den Begriff „Todesfurchterlebnis".[72]

Es kommt aber auch vor, dass Menschen in Situationen, die nicht einmal mit großer Gefahr verbunden sind, ihren Körper spontan verlassen. Professor Charles Richet, Nobelpreisträger für Medizin, veröffentlichte zusammen mit Dr. Eugene Osty den Fall Hymans. Hymans hatte Professor Richet im Juni 1928 Folgendes berichtet:

Das erstemal [...] geschah es, als ich auf dem Behandlungsstuhl eines Zahnarztes saß. In Narkose hatte ich das Erlebnis, aufzuwachen und im oberen Teil des Zimmers zu schweben, von wo aus ich mit größtem Erstaunen dem Zahnarzt zusah, der an meinem Körper arbeitete [...], der Anästhesist neben ihm. Ich sah meinen seelenlosen Körper so deutlich wie jeden anderen Gegenstand im Zimmer [...]

Das zweitemal befand ich mich in einem Hotel in London. Ich wachte morgens auf und fühlte mich nicht wohl [...]. Kurz darauf wurde ich ohnmächtig. Zu meiner großen Überraschung schwebte ich in der oberen Hälfte des Zimmers, von wo ich mit Schrecken meinen Körper reglos mit geschlossenen Augen im Bett liegen sah.[73]

Hymans schildert weiter, er habe in dem Londoner Hotel das Gefühl gehabt, er sei tot. Was er auch versuchte, er konnte nicht wieder in seinen Körper zurückkehren.

Er fühlte sich „angekettet", „gefesselt in der Ecke, in der ich mich befand", denn er konnte auch den Raum nicht verlassen. Später sah er aus seiner schwebenden Position, wie zwei Hotelangestellte über die Feuerleiter in sein Zimmer kamen. Sie hatten zuvor lange vergebens an der Tür geklopft. Sie riefen den Hoteldirektor und einen Arzt. Der Arzt hörte das Herz ab und schüttelte mit ernster Miene den Kopf. Dann wurde Hymans – oder sein Astralkörper – bewusstlos. Später erwachte er wieder in seinem physischen Körper.

Das zweite Erlebnis des Mannes könnte man als NTE verstehen. Hymans teilte Professor Richet nämlich mit, dass er ein schwaches Herz habe. Doch wie kam es zu einer OBE bei einer Zahnarztbehandlung? Vertrug sein Körper die Narkosemittel nicht und erlitt er einen Herzinfarkt?

Doch damit nicht genug. Offenbar um den ganzen Themenkomplex um OBEs und damit verbundene NTEs noch komplizierter zu gestalten, finden sich auch Berichte, die von einem weiteren Auslöser sprechen: Angeblich werden OBEs nämlich nicht nur durch Angst, Stresssituationen mit großen Schmerzen, NTEs und willentliche Selbstversuche motiviert, sondern können sich auch durch reinen Zufall einstellen. Ein sehr interessantes Beispiel soll dies verdeutlichen.

Joy Barnsiey hatte ein derartiges Erlebnis, das ihr gesamtes Leben veränderte. Ohne erkennbaren Grund und eher in einer ruhigen und sehr friedlichen Verfassung machte sie eine interessante Grenzerfahrung, von der sie rund 30 Jahre später dem Sender BBC gegenüber erzählte:

Ich erholte mich von einer Grippe und lag seit ungefähr zehn Tagen im Bett. Aber es ging mir schon besser. Es war so gegen vier Uhr nachmittags. Ich las und fühlte mich sehr entspannt. [...]

Doch ganz plötzlich, wie aus heiterem Himmel, war ich einfach nicht mehr da. Mein Geist schoss aus meinem Kopf wie ein Schnellzug. Das Bett, das Zimmer, das Haus waren schlagartig nicht mehr da.

Es war einfach wundervoll. Ich fühlte mich wie ein Drachen an einer endlos langen Leine. Ich frage mich, ob dieses Band die Verbindung zu meinem bisherigen Leben war. Irgendetwas in meinem Kopf sagte mir, du kannst hier nicht bleiben, du musst zurück. Und es war, als ob mich irgendetwas an dieser Schnur zurückzog. Dann war ich plötzlich wieder in meinem Körper und saß immer noch aufrecht da.[74]

Während dieser „spontanen OBE" hatte Mrs. Barnsiey das Gefühl, als würde sie durch einen langen und blauen Tunnel reisen – eine Art „endloses Universum" in ihren Worten. Das Band oder die Schnur, die sie während ihres Erlebnisses gesehen haben will, ist von besonderem Interesse: Einige NTE-Forscher weisen darauf hin, dass angeblich mehrere Betroffene von Ähnlichem berichten. Die Autoren Sylvan J. Muldoon und Hereward Carrington, beides Pioniere der OBE-Forschung, vergleichen in ihrem Buch *The Projection of the Astral Body* diese Schnur mit der Nabelschnur eines Menschen. „Wir wissen, dass das Astralband und die Nabelschnur einander auffallend ähneln", schreiben sie.[75]

Und in der Tat: Wenn wir hier nicht eine „Führungsleine" sehen wollen – was sicher eher abwegig ist –, dann scheint hier nur die Erklärung zulässig, dass es eine Art Verbindungsband, eine „Nabelschnur", zwischen Hier und Drüben ist. Vielleicht, damit die wandernde Seele, deren Zeit noch nicht gekommen ist, wieder in den Körper zurückfindet?

Astralkörperaustritte spielen in einer Vielzahl von Religionen und Kulten aus Vergangenheit und Gegenwart eine wichtige Rolle. Vor allem Schamanen sind von diesem Phänomen überzeugt und wollen es bewusst steuern können.

Der Fall der im Sterben liegenden Patientin von Dr. Issels legt nahe, dass es sich eigentlich durch wissenschaftliche Experimente beweisen lassen müsste, ob ein Mensch seinen Körper verlassen kann oder nicht. Deshalb stellte eine Reihe von PSI-Forschern und Ärzten ein ebenso einfaches wie effizientes Experiment an: In den Operationssälen verschiedener Krankenhäuser brachte man ein Leuchtschild über dem OP-Tisch an, das nur dann gelesen werden kann, wenn man sich *darüber* befindet. Dazu müsste man praktisch an der Decke schweben. Sollte also ein Patient dem Tod so nahe kommen, dass er seinen Körper verlässt, dann aber wieder belebt werden kann, müsste er wissen, was dort zu lesen stand.

Die Forscherin Madeline Lowrence führte einen solchen Versuch in einem OP-Saal über ein Jahr lang durch. Dabei wurde eine Leuchttafel über dem OP-Tisch montiert, die per Zufallsgenerator Wörter darstellte. Ein ausgetretener Geist hätte diese sehen müssen. Doch die Resultate dieses viel versprechenden Versuchsaufbaus waren ernüchternd: Während der Versuchsdauer verloren 24 Patienten ihr Bewusstsein während der Operation, von denen allerdings nur drei eine Art NTE erlebten. Aber keiner von ihnen sah das Schild.

Das soll aber nicht heißen, dass ein Austritt der Seele auszuschließen ist. Denn andere PSI-Forscher wiederum weisen auf Versuchsreihen hin, bei denen die betreffenden Personen nach ihrer „Rückkehr" tatsächlich bestimmte Dinge beschreiben konnten.[76] So sprach beispielsweise eine Patientin nach ihrer Operation von einem medizinischen Gerät, das die Ärzte bei ihrer Behandlung verwendet hatten, das aber sehr selten zum Einsatz kam, sodass es die Patientin eigentlich gar nicht kennen konnte. Indes, sie wusste sogar, dass es von der Form einem „Ruder" ähnelte.[77]

Einen weiteren verblüffenden Fall zitiert Dr. Raymond A. Moody in einem seiner Bücher: Eine 70 Jahre alte Frau aus Long Island erlitt einen schweren Herzanfall und musste von den Ärzten wieder belebt werden. Dabei hatte sie eine NTE, verbunden mit einer außerkörperlichen Erfahrung, weshalb sie nach der geglückten Reanimation auch die verwendeten Instrumente beschreiben konnte. Allerdings war die Frau seit über 50 Jahren blind! Als sie mit 18 Jahren ihr Augenlicht verloren hatte, gab es die meisten dieser Geräte noch gar nicht. „Und die Krönung war, dass sie sogar wusste, dass der Arzt einen blauen Anzug anhatte, als er mit der Reanimation begann", schreibt Dr. Moody.[78]

Auch ein zweites Erlebnis dieser Art ist erstaunlich. Bradley Burroughs war seit seiner Geburt blind und wuchs in einem Heim für Sehbehinderte in Boston auf. Als er mit einer schweren Lungenentzündung und hohem Fieber im Bett lag, machte er eine sehr seltsame Erfahrung, die an eine OBE denken lässt:

> Ich hatte nie zuvor eine Vorstellung vom Sehen gehabt. Doch in dem Moment, als ich über dem Dach des Heimes schwebte, wußte ich, daß es geschneit hatte, ohne den Schnee berühren zu müssen. Ich sah eine Straßenbahn und konnte sogar das Schild der Endhaltestelle erkennen. Im Schnee konnte man auch den Verlauf der Schienen erkennen. Es irritierte mich, daß ich all das wußte, ohne den Schnee berühren zu müssen. Ich konnte alles visuell erfassen. Ich sah den Schnee und ich sah die Straßenbahn auf den Schienen. Dieser Anblick hat sich in mein Gedächtnis eingebrannt.[79]

Solche und ähnliche Beispiele sind mit Sicherheit nicht einfach wegzudiskutieren. Doch dürfen sie darum als Beweise für einen realen Austritt des Ich aus dem Körper gelten? Zumindest nicht nach Meinung einiger kritischer Forscher aus dem Bereich der Medizin, die darauf verweisen, dass bei einer Narkose die Ohren das letzte Organ des Körpers sind, das seine Funktion „einstellt". Das heißt: Auch wenn der Patient narkotisiert auf dem OP-Tisch liegt, kann es sein, dass sein Gehör noch funktioniert, Geräusche sowie Gespräche wie gewohnt wahrnimmt und ans Gehirn weiterleitet. Das Gehirn wiederum kann sich anhand dieser akustischen Informationen ein Bild von der Umgebung machen. Und sicher wird dieses unterbewusste Bild auch Dinge enthalten, die korrekte Beschreibungen des tatsächlichen Operationsablaufs zulassen.

Bevor wir jedoch OBEs kategorisch ins Reich der Fantasie verweisen, sollte bedacht werden, dass Experimente durchaus beeindruckende Indizien für reelle Austritte des Astralkörpers geliefert haben.

So wohnte der berühmte Parapsychologe D. Scott Rogo einigen Versuchen des Psychologen Dr. Robert Morris von der Psychological Research Foundation in Durham, USA, bei, die dieser mit dem Medium Keith „Blue" Harary durchführte. Blue behauptete, dass auch er seinen Körper verlassen könne und mit seinem Astralkörper eine Wirkung auf Tiere wie Ratten, Katzen, Schlangen und auch Hunde habe. Rogo, der jegliche Art von paranormalen Experimenten und Berichten stets sehr skeptisch gegenüberstand, zeigte sich jedoch über diese Versuche sehr erstaunt.[80]

So berichtet er von einem Experiment mit Blue, bei dem eine Schlange in einem Käfig beeinflusst werden sollte. Das Medium wurde dazu in einen anderen Raum gebracht und die Schlange in ihrem Käfig im Versuchslabor verwahrt:

Als sich Harary außerhalb seines Körpers befand und in diesem Zustand zu der Schlange kam, hörte sie auf, in ihrer typischen Art im Käfig umherzukriechen, und unternahm buchstäblich einen Angriff. Bösartig schien sie nach etwas in der Luft zu schnappen. Das Ganze dauerte ca. 20 Sekunden, die genau mitten in dem Zeitraum lagen, in dem Keith behauptete, sich außerhalb seines Körpers bei der Schlange zu befinden, ohne daß er wußte, was im Labor vor sich ging.[81]

Gern wird von medizinischer Seite auch das Argument vorgebracht, das Gehirn setze OBEs – etwa bei einer NTE – als eine Art Schutzmechanismus ein, um Schmerzen zu „umgehen". Die Ausschüttung von „Glückshormonen", also Endorphinen, begleite diesen Vorgang, sodass der Betroffene zusätzlich grenzenloses Glück und Frieden empfinde.

Diese These scheinen OBEs bei Folterungen zu stützen. So wie die erwähnte Agentin Odette Hallowes will beispielsweise auch Ed Morrell diese Erfahrungen gemacht haben. Morrell war einer der schärfsten Kritiker des US-Kapitalismus und nahm kein Blatt vor den Mund, was ihn so manches Mal ins Gefängnis brachte.

Man sah sich dort veranlasst, den kritischen Häftling durch Folterungen wieder auf die „rechte Bahn" zu bringen. In seinem Buch *The Twenty-Fifth Man* schildert Morrell, dass er unter der harten Folter plötzlich seinen Körper verlassen konnte. Morrell berichtet, dass sein Ich einmal bei einer Folterung gar durch San Francisco wanderte:

Als man den politischen Häftling in eine Zwangsjacke steckte und diese mit Wasser übergoss, damit sie sich beim Trocknen immer mehr zusammenzog, hatte er das Gefühl, er würde zerquetscht werden. Doch mit einem Mal, so Morrell, stand er neben seinem Körper. Er sah, wie die Folterknechte um ihn herumstanden und mit fragenden Blicken seinen Körper beäugten. Er lag da, als würde er schlafen. Der Astralkörper von Morrell machte sich nun auf in die Stadt. Dabei sah er in der Bucht von San Francisco ein Schiffswrack, von dem er im Gefängnis nichts hätte wissen können. Tatsächlich bestätigte der Gouverneur von Arizona, George W. P. Hunt, später, dass Ed Morrell über vieles Bescheid wusste, das er im Gefängnis nicht erfahren haben konnte.[82]

Das Phänomen der Verdoppelung

Doch nicht nur Leiden und Angst können die Seele des Menschen vom physischen Körper abkoppeln – auch die so genannte „Verdoppelung" oder Bilokation hängt möglicherweise damit zusammen.

Das Phänomen der Verdoppelung ist leicht erklärt, aber schwer zu erklären: Sie besagt nämlich nichts anderes, als dass sich ein Mensch zu ein und derselben Zeit an zwei Orten aufhält – entweder durch Trennung des Astralkörpers vom physischen Körper oder durch Erscheinung an *beiden* Orten in Gestalt des physischen Körpers und sichtbar für andere Personen.

Ein Fall ist hier von einiger Bedeutung. Am 8. Juli 1896 stand William McDonald in New York City vor Gericht. Man warf ihm vor, dass er in ein Haus in der Sechsten Straße eingebrochen sei, was sechs Zeugen bestätigten. Alle sechs Personen hatten ihn gesehen, als er damit beschäftigt war, sein Diebesgut zu verstauen.

Doch die Verhandlung nahm eine unerwartete Wende, als der Arzt Professor Dr. Wein als Zeuge geladen wurde. Professor Dr. Wein war bekannt dafür, dass er hin und wieder Hypnosevorführungen vor Publikum veranstaltete – so auch an dem Tage, als McDonald den Einbruch begannen haben sollte. Und der Arzt sagte aus, dass er in Brooklyn in einem Theater acht Kilometer vom Tatort entfernt exakt zu dieser Zeit McDonald auf der Bühne vor Hunderten Zeugen hypnotisiert hatte!

Da sich McDonald als sehr empfänglich für die Hypnose erwies, fragte der Staatsanwalt, ob es möglich sei, dass sich McDonalds Astralleib bei dieser Hypnose vom Körper „gelöst" habe. Da Professor Wein dies nicht ausschließen konnte, sprach man McDonald frei.[83]

Vor allem auch aus dem religiösen Bereich existieren eine ganze Reihe von Darstellungen, die angeben, dass es Heiligen oder Priestern möglich war, sich an zwei Orten aufzuhalten. So soll der berühmte italienische Pater Pio im Jahr 1918 zum Beispiel dem italienischen General Cadorna erschienen sein. Dieser war nach einer Niederlage an der Alpenfront gerade in seinem Zelt im Begriff, Selbstmord zu begehen, als ein Mönch in seinem Zelt erschien und ihn bat, „doch keine Dummheiten" zu machen. Die Wachen hatten zwar niemanden gesehen, aber der General blieb am Leben. Einige Monate später traf er Pater Pio in einem Kloster und identifizierte ihn sofort als jenen Mönch, der ihm mehr oder weniger das Leben gerettet hatte.

Viel früher, anno 1226, so heißt es, hatte schon der heilige Antonius von Padua die Gabe der Verdoppelung dazu genutzt, ein Versäumnis auszugleichen. Er hatte versprochen, am Gründonnerstag in einem Kloster in Limoges eine Messe zu halten; doch genau zu dieser Stunde hielt er auch eine Messe in der Kathedrale von Limoges ab. Als ihm mitten in der Predigt sein Versäumnis einfiel, zog er seine Kapuze über, kniete nieder und verstummte. In diesem Augenblick sahen die Mönche drüben im Kloster, wie der Pater aus seiner Zelle kam und in die Kapelle ging, wo er ein Gebet vor den versammelten Mönchen sprach.[84]

Interessant ist das Phänomen der Verdoppelung vor allem aber auch dann, wenn die betreffende Person tatsächlich stirbt. Parapsychologen, die Erscheinungen von Geistern bzw. von Menschen untersuchten, welche im Augenblick ihres Erscheinens nachweislich schon tot waren, konnten immer wieder Beispiele recherchieren, bei denen die Zeugen nichts vom Tod des erschienenen Menschen wussten.

So etwa beschreiben diese Zeugen, dass sie einen nahen Freund oder Verwandten plötzlich im Zimmer sahen, der mit ihnen sprach und dann wieder den Raum verließ. Andere wiederum erzählen, dass sie einen Bekannten trafen, der ihnen aber „irgendwie fremd" vorkam; er sah anders aus und verhielt sich auch anders. In beiden Fällen stellte sich im Nachhinein heraus, dass die Person, die von den Zeugen gesehen wurde, in genau diesem Augenblick starb. Das heißt, der Mensch erschien über große Distanz hinweg im Augenblick seines Todes als astrale Erscheinung.

Ein typischer Vorfall dieser Art, bei dem der Verstorbene sogar sprach, ereignete sich 1923 in Indianapolis. Am 11. Juni dieses Jahres wurde Gladys Watson nachts aus dem Schlaf gerissen, da eine leise Stimme beständig ihren Namen rief:

Sie fuhr hoch, setzte sich und sah erstaunt ihren Großvater väterlicherseits, an dem sie sehr hing und der sich zu ihr neigte. Er sah völlig wirklich und lebensecht aus. Auf seinem Gesicht lag ein zufriedenes Lächeln. „Hab keine Angst", beruhigte er sie mit warmer, freundlicher Stimme. „Ich bin's nur. Ich bin gerade gestorben." Mrs. Watson spürte Tränen aufsteigen und griff instinktiv neben sich, um ihren schlafenden Mann zu wecken. „So sollen sie mich begraben", sprach ihr Großvater weiter und zeigte auf den dunklen Anzug und die schwarze Fliege, die er trug. Er fuhr fort: „Ich wollte dir nur sagen, dass ich schon die ganze Zeit darauf gewartet habe zu gehen, seit Mutter nicht mehr da ist." Gladys Watson konnte erkennen, dass ihr Großvater einen so natürlichen Eindruck machte, als sei er körperlich anwesend. Und sie hörte seine Stimme nicht im Inneren, sondern so, als spräche er tatsächlich zu ihr.[85]

Auch eine englische Familie aus Clapham erlebte Mitte des 19. Jahrhunderts eine solche seltsame Erscheinung. Es heißt, dass eines Abends ein Junge namens John hinter dem Haus saß, als er plötzlich seine Schwester Ellen kommen sah. Ellen hingegen war bereits einige Zeit zuvor nach Brighton in Südengland geschickt worden, und so waren beide sehr erstaunt. Da der Vater nicht wissen durfte, dass Ellen heimlich wieder nach Hause gekommen war – sie sollte in Brighton ein Verhältnis mit einem Mann vergessen –, wollte John sie schnell ins Haus schicken. Da er dabei aber unglücklich vom Stuhl stürzte, rannte seine Schwester Mary über den Rasen auf Ellen zu. Doch überraschenderweise nahm Ellen keinerlei Notiz von ihrer Schwester.

Mary lief ihr nach und versuchte sie am Arm zu packen. Doch entsetzt stellte sie fest, dass ihre Hand durch Ellens Arm hindurchglitt. Ein unheimlicher Schauer überkam Mary, und sie sah mit an, wie die Gestalt ihrer Schwester sich immer mehr auflöste.

Mary ging benommen zurück zum Haus ihrer Eltern und schilderte ihnen, was geschehen war. Die Mutter war erschrocken und machte sich große Sorgen. Am anderen Morgen wurde die Ahnung zur Gewissheit, denn exakt zur Stunde der Erscheinung war ihre Tochter Ellen ins Meer gefallen und ertrunken.[86]

Solche Erscheinungen wurden von der renommierten Society for Psychical Research recherchiert und von deren Gründern – Frederic Myers, Professor Edmund Gurney und Frank Podmore – 1886 in einem 1400 Seiten starken Konvolut mit dem Titel *Phantasms of the Living* veröffentlicht. Besonders eine der insgesamt 701 recherchierten „Phantombegegnungen" erstaunt auch heute noch.

In Kindertagen hatte der spätere britische Hauptmann G. F. Russell Colt ein sonderbares Erlebnis in Edinburgh, wo er mit seinen Eltern lebte: Am 8. September 1855 erwachte er aus dem Schlaf und sah in seinem Zimmer eine kniende Gestalt, die von einem unheimlichen Nebel umgeben war. Russell erkannte sie nicht gleich als seinen Bruder Oliver, der mit 19 Jahren in alter Familientradition zur Armee gegangen war. Zunächst vermutete der Junge vielmehr, dass seine Augen und das Mondlicht ihm einen Streich spielten. Russell stieg aus dem Bett und sah aus dem Fenster, doch die Nacht war stockdunkel. Doch die Gestalt befand sich noch immer in seinem Zimmer. Von Angst erfüllt, rannte der Junge hinaus und sah beim Zurückblicken, dass das Phantom an der rechten Schläfe eine große Wunde hatte.

Aufgeregt schilderte Russell seinem Vater den unheimlichen Gast in seinem Zimmer, doch dieser hielt seine Erzählung für blanken Unsinn. Zwei Wochen später allerdings erreichte die Familie Colt die traurige Nachricht, dass Sohn Oliver Colt in jener Nacht im Kampf gegen die Türken gefallen sei – durch einen Schuss in die rechte Schläfe.[87]

Hatte Russell sich alles nur eingebildet? Immerhin gab er später an, er habe geraume Zeit vor dem Ereignis seinen Bruder in einem Feldpostbrief darum gebeten, ihn unbedingt noch einmal in seinem Zimmer zu besuchen, wenn Oliver im Kampf etwas zustoßen würde. Oder erfüllte dieser den Wunsch seines Bruders tatsächlich auf solch paranormale Art? Russell hatte ja schließlich nicht wissen können, dass sein Bruder in jener Nacht gefallen war ...

Der Astralkörper, der sich bei einer NTE, bei Folter oder in einem Experiment vom physischen Leib trennt, kann also offenbar an einen anderen Ort reisen, um einem lieben Menschen Lebewohl zu sagen. Auch wenn es sentimental klingen mag – aber wie wäre dieses auch als „Krisenerscheinung" bekannte Phänomen sonst zu interpretieren? Der als „Geist" anderen Personen erscheinende Mensch muss jedoch nicht zwangsläufig sterben. Auch bei „Todesfluchterlebnissen" können solche Erscheinungen auftreten.[88] Diese Erfahrung machen Menschen, die zwar durch eine Extremsituation –

etwa einen Unfall – in eine kritische Lage, nicht aber in Lebensgefahr geraten. Dennoch schildern sie teilweise ähnliche Erlebnisse wie bei einer NTE.

Viele Kulturen sind der festen Überzeugung, dass der Mensch aus zwei Teilen bestehe – dem physischen Körper und dem Astralleib – und dass Letzterer imstande sei, seine sterbliche Hülle gelegentlich zu verlassen. Zahlreiche religiöse Rituale wurden ersonnen, um genau dieses Ziel zu erreichen: den Körper hinter sich zu lassen und mit der Geisterwelt in Verbindung zu treten.

Doch auch Wissenschaftler unserer Tage berichten von einschlägigen Erfahrungen in dieser Richtung: Der amerikanische Quantenphysiker Michael Talbot, der vor allem durch sein Buch *Das holographische Universum* bekannt wurde, beschreibt in seinem Buch *Jenseits der Quanten* etwas Erstaunliches. Eines Nachts, so Talbot, hatte er nämlich einen ungewöhnlichen „Traum":

Ich schwebte über meinem Körper und blickte auf mich selbst hinunter. Das war irgendwie bestürzend, denn diese Wahrnehmung wie auch mein Schlafzimmer wirkten absolut real und vertraut, gar nicht wie in einem Traum. Ich beschloß, das Beste daraus zu machen und körperlos herumzugeistern. Also schwebte ich ins Wohnzimmer. Die ganze Zeit hindurch erstaunte es mich, dass dieser Erfahrung nicht die losgelöste Qualität eines Traumes anhaftete. Im Gegenteil. Nichts war schemenhaft, verschwommen oder irreal. Jeder einzelne Gegenstand, jedes Möbelstück und auch sonst alles befand sich am richtigen Platz. Es war, als würde ich tatsächlich durch das Haus wandern.

Das Gefühl des Schwebens war so beglückend, daß ich die Ungereimtheiten beiseite ließ und einfach weitermachte. Als ich so „wie ein Fisch durch die Luft schwebte", trieb ich auf eines der großen Panoramafenster zu. Ehe ich den Kurs wechseln konnte, glitt ich mühelos einfach hindurch und befand mich im Freien. Ich blickte über meine Schulter, um zu sehen, ob ich das Fenster beschädigt hatte. Es war völlig intakt. Das verwunderte mich. Verwirrt schwebte ich weiter. Dabei blickte ich hinunter auf das feuchte Gras. Plötzlich sah ich das Buch.[89]

Diese Schilderungen entsprechen dem typischen Erlebnis einer außerkörperlichen Erfahrung an der Schwelle zum Tod. Bemerkenswert ist vor allem, dass Talbot ein Fenster mühelos durchdrungen haben will. Dies lässt die Schlussfolgerung zu, dass die Seele des Menschen nicht von fester Konsistenz sein kann. Auch mit dem Buch im Gras hatte es eine besondere Bewandtnis. Michael Talbot erkannte es als eine Kurzgeschichtensammlung von Guy de Maupassant. Da sich Talbot selbst nie für diesen Autor interessiert hatte, hielt er die Erscheinung des Buches für die in Träumen „charakteristische Absurdität, die ich bisher vermisst hatte". Jedoch wartete der andere Morgen mit einer Überraschung auf:

Meine nächste Erinnerung war das Erwachen am Morgen. Als ich etwas später auf dem Weg zur Schule war, wurde ich von einer Nachbarin angesprochen. Sie sagte mir, sie sei im Wald nahe unseres Hauses spazierengegangen. Dabei habe sie ein Buch aus der Leihbücherei verloren. Das war ihr sehr unangenehm, denn es handelte sich um eine ziemlich wertvolle Kurzgeschichtensammlung von Guy de Maupassant aus dem vorherigen Jahrhundert. Sie fragte mich, ob ich das Buch bemerkt hätte. Meine Verblüffung war grenzenlos. Damit sie den Grund dafür verstand, erzählte ich ihr von meinem „Traum". Ohne Umweg gingen wir gemeinsam zu der Stelle, wo ich das Buch aus der Vogelperspektive gesehen hatte. Genau dort lag es auch.

Für mein Erlebnis gibt es mehrere Erklärungen. Die für mich wahrscheinlichste ist jene, daß mein Bewußtsein oder ein Teil davon meinen Körper im Schlafzustand verließ und ich das Buch tatsächlich sah. Damals kam mir zum ersten Mal die beunruhigende und wissenschaftlich unerhörte Idee, das Bewußtsein und alle Empfindungen und Wahrnehmungen, die als das „Ich" definiert werden, könnten nicht in dem Maße mit dem biologischen Gehirn verbunden sein, wie ich dies bisher angenommen hatte.[90]

Das Licht am Ende des Tunnels

Beim Sterben erfüllt das Verlassen des Körpers offensichtlich eine andere Funktion als bei willentlich herbeigeführten Experimenten mit Medien oder Selbstversuchen. Deshalb ist es kein Wunder, dass jene Menschen, die dem Tod wieder entrissen werden konnten, auch andere Eindrücke und Erfahrungen beschreiben. Ihre Seele schwebt zwar über dem Unfallort oder dem OP-Tisch, aber schon kurz darauf wollen sie in Berührung mit dem „Himmel" und Lichtwesen oder Engeln gekommen sein.

Ein helles Licht, erfüllt von wohlwollender Liebe, Frieden und Ruhe, lockt den Sterbenden. Um zu diesem Licht zu gelangen, muss er durch den viel beschriebenen Tunnel. Dieser Tunnel und das Licht sind sicherlich die bekanntesten Subphänomene von Nahtoderfahrungen. Eingefleischte Skeptiker führen die allgemeine Verbreitung solcher Berichte durch die Medien als einen der Gründe dafür an, dass die Zahl der Menschen wächst, die Derartiges erlebt haben wollen.

Dieser „Einwand" ist natürlich vollkommen absurd, wird aber leider auch in anderen Bereichen der Parapsychologie bemüht. Warum Menschen in Extremsituationen an der Schwelle zum Tod Visionen oder Halluzinationen evozieren sollen, die irgendwann einmal aufgeschnappten NTEs fremder Personen entsprechen, lässt sich beim besten Willen nicht nachvollziehen.

Christliche Theologen verweisen im Rahmen der NTE-Forschung zum Teil auch auf einen neutestamentlichen Bericht.[91] So lesen wir bei seiner Wandlung vom Saulus zum Paulus im neunten Kapitel der Apostelgeschichte, dass Paulus einst vor den Toren der Stadt Damaskus von einem hellen Licht vom Himmel überrascht wurde. Paulus wurde zu Boden geschleudert und sah Jesus Christus, der zu ihm sprach. „Er blieb drei Tage und aß und trank nichts", sagt die Bibel. Auch heißt es, dass Paulus' Reisegefährten zwar eine Stimme hörten, aber niemanden sahen.

Nicht jeder wird hier eine Verbindung zur NTE sehen, wiewohl der Glaube an ein Leben nach dem Tod in Verbindung mit „Licht" durchaus auch in biblischen Schriften zu finden ist. Vielmehr sollte diese Berufung des Saulus zum Paulus im Kontext mit den zahlreichen anderen Berufungen und vermeintlichen Visionen in biblischen Texten betrachtet werden, die auch anders zu deuten sind.[92]

Für den Tunnel interessieren sich Mediziner und Psychologen in besonderem Maße. Die Gründe dafür liegen fraglos darin, dass tunnelartige Effekte bzw. das Sehen eines Tunnels auch aus anderen Bereichen des Lebens wohl bekannt sind. Drogen wie LSD beispielsweise können ähnliche Effekte auslösen. Umfangreiche Experimente mit derartigen Halluzinogenen haben in den letzten Jahren gezeigt, dass die Beschreibungen der Konsumenten von halluzinogenen Drogen frappierend jenen von NT-Erfahrenen ähneln. LSD ist in der Lage, einen Tunnel vorzugaukeln, an dessen Ende sich ein Lichtschein zeigt. Auch „sehen" die betreffenden Personen im Rausch symmetrische und auch spiralförmige Farbverläufe und Muster, die durchaus mit dem NTE-Tunnel verglichen werden können.

Da nun aber kein NTE-Forscher oder Mediziner behaupten wird, dass der Körper im Tod LSD produziert, stellt sich die Frage, ob andere Stoffe für derartige „Halluzinationen" verantwortlich sein könnten. Ist es möglich, dass der Körper Drogen im Augenblick des Todes ausschüttet – dass mithin ausnahmslos alle NTEs lediglich das Resultat eines vom Körper verursachten „Trips" sind? Die Erklärung mag verlockend sein, kann aber nicht zutreffen.

Zum einen haben wir gesehen, dass OBEs auch in Situationen auftreten können, die nicht den Tod nach sich ziehen, zum anderen sind Drogen dafür bekannt, dass sie Wahrnehmungen bis zur Unkenntlichkeit vernebeln. Die NTE-Betroffenen mit einer außerkörperlichen Erfahrung beschreiben jedoch Dinge und Vorgänge in ihrer Umgebung, die exakt den Tatsachen entsprechen – so etwa jene alte Frau, die seit Jahrzehnten blind war, aber sogar die Geräte und die Farbe des Arztanzuges nach ihrer Reanimation beschreiben konnte. Erstaunlicherweise ergaben statistische Erhebungen, dass der Tunnel nur von rund einem Zehntel aller NT-Erfahrenen beschrieben wird. Außerdem waren von 107 NTE-Probanden lediglich 45 Prozent tatsächlich bei ihrem Erlebnis klinisch tot – dem gegenüber standen allerdings 82,5 Prozent mit der Meinung, sie hätten eine Nahtoderfahrung gemacht. Es bleibt fraglos ein großes Problem zu klären, warum Menschen eine NTE durchlebten, ohne sich in einer todesnahen Situation zu befinden, während Menschen, die tatsächlich dem Tod nahe waren, keine NTE hatten.

Der Tunnel bei einer Todeserfahrung wird von den meisten NTE-Forschern, aber auch von Theologen und Esoterikern als „Verbindungsweg" zwischen den Welten angesehen. Sicherlich darf dieser Weg nicht als geographische Größe angesehen werden – schließlich nimmt ja auch die Seele keine physische Gestalt an. Für viele Forscher ist von viel größerem Interesse, was hinter dem Tunnel liegt: Oft begegnen die NT-Erfahrenen im Jenseits anderen Wesen oder Menschen, ja sie werden sogar regelrecht von einem „Empfangskomitee" begrüßt – was bedeutet, dass sie im Reich der Toten erwartet werden.

Genau hier berühren sich die NTE-Forschung und die Religion. Nach geglückter Wiederbelebung geben die Betroffenen an, bei ihrem kurzen Aufenthalt im Jenseits Personen wiedergesehen zu haben, die sie kannten, die aber bereits tot waren. Daneben liegen auch Berichte vor, die davon sprechen, dass man drüben Jesus Christus und anderen Heiligen begegnete. Konkret bedeutet dies, dass eine Reihe von Menschen bei ihren Todeserlebnissen religiöse Personen gesehen haben wollen, an deren Existenz aber nicht die gesamte Menschheit glaubt.

Auch wenn das Christentum die mächtigste Religion auf Erden ist, erscheint es doch mehr als fraglich, ob nun tatsächlich Jesus Christus am Lebensende auf die Seele wartet. Buddhisten, die natürlich ebenso häufig von NTEs berichten, schildern wiederum die Begegnung mit Buddha. Man könnte hier also schlicht von einer „Erwartungshaltung" sprechen – was aber kaum etwas erklärt.

Hier muss erwähnt werden, dass Betroffene verschiedener Kulturen und Religionen tatsächlich auch unterschiedliche Wahrnehmungen bei einer NTE haben können. Dr. Susan Blackmore wies beispielsweise darauf hin, dass fernöstliche NTE-Zeugen oftmals von einem „Boten" empfangen werden, der ihnen sagt, dass die Zeit zum Sterben noch nicht reif sei. Dies erinnert wiederum an Berichte aus der westlichen Welt, denen zufolge Verwandte oder gar Jesus dem jeweiligen Menschen sagen, dass ihm der Tod noch nicht bestimmt sei und er deshalb wieder ins Leben zurückkehren müsse. Dr. Michael Schröter-Kunhardt weist in einem Artikel in der *TW Neurologie Psychiatrie* im Übrigen darauf hin, dass in einer besonders in China und Japan verbreiteten Spielart des Buddhismus (Amida-Buddhismus) ähnliche Höllen-, Paradies- und Lichtwelten beschrieben werden wie im Christentum.[93]

Während diese Frage also letztlich nicht zu beantworten ist, erscheinen die zahlreich geschilderten Treffen mit bereits verstorbenen Bekannten und Verwandten einleuchtender. Die Annahme, man sei am Ende des Lebens wieder mit all seinen Lieben vereint, ist durchaus nachvollziehbar: Denn wenn mein Bewusstsein nach dem Tod weiter existiert, dann wird dies selbstverständlich auch für das Bewusstsein meiner Verwandten und Freunde gelten.

Sogleich wird allerdings die Frage nach der Reinkarnation aufgeworfen: Denn wer einem im Jenseits begegnet, kann zur gleichen Zeit doch nicht als Wiedergeburt auf Erden wandeln! Allerdings sollte man sich hüten, Maßstäbe der „irdischen" Logik an diese Dinge zu legen. Vielleicht sollte man vielmehr davon ausgehen, dass eine Wiedergeburt auf Erden und ein Leben im Jenseits durchaus parallel ablaufen können. Warum sollte die Dimension Zeit in der Welt der Verstorbenen noch eine Rolle spielen? Tatsächlich sind nämlich eine ganze Reihe paranormaler Phänomene nicht an jene Zeit gebunden, wie wir sie aufgrund unserer beschränkten Existenzform wahrnehmen und erleben.

Ebenso wenig wie das Problem der zeitlichen Abläufe bei einer NTE lässt sich das Problem des Ortes lösen. Noch keiner der Zurückgekehrten vermochte darüber Auskunft zu geben, wohin die Toten gehen. Die meisten NTE-Forscher glauben, die Seele fahre in eine Art Himmel auf, wobei dieser Himmel durchaus Interpretationssache ist und viele Ausprägungen annehmen kann. Andere NTE-Forscher wiederum weisen darauf hin, dass die Seele auch in eine Art „Hölle" versinken könnte. Und damit hätten wir wieder das ganze Spektrum der Religionen abgedeckt.

Kehren wir darum wieder zu konkreten NTE-Beispielen zurück. In einigen Fällen, die besonderes Interesse verdienen, kam es zu Begegnungen mit Verwandten, die der Betroffene zu Lebzeiten nie kennen gelernt hatte. So berichtet zum Beispiel Dorothea Rau-Lembke über ihre NTE:

> Zunächst war es mir, als ob ich durch eine graue Decke hindurch in ein Lichtreich vorstoßen würde. Ich wurde in Richtung dieses Lichtes aus meinem Körper gezogen. Das allererste war eine liebevolle und herzliche Begrüßung durch verstorbene Menschen, die mir sehr wichtig waren. Vor allem waren das die Freundin [...] sowie meine Großmutter väterlicherseits. Was mich im nachhinein sehr frappiert hat, ist, daß ich sie gar nicht gekannt habe, da sie vor meiner Geburt verstorben war. Aber sie war da, um mich zu begrüßen.[94]

Interessant ist es auch, dass jene Menschen, die Christus oder andere Religionsfiguren gesehen haben wollen, diese fast schon klischeehaft beschreiben. Niemand hat Jesus oder Gott je zu Gesicht bekommen, die Menschheit hat sich nur viele Bilder von beiden, besonders von Jesus, gemacht. Dennoch beschreiben ihn die NTE-Zeugen ähnlich. Helen Bakkensen beispielsweise erinnert sich:

Ich habe Jesus gesehen. Ich habe ihn am Gesicht und an der Kleidung erkannt. Er hatte schlichtes langes, dunkles Haar, lohfarbene Haut. Er war viel kleiner als ich und hatte freundliche Augen. Er blickte in meine Seele und schien zufrieden. Ich habe Jesus' wahre Anwesenheit einige Male gefühlt – eine freundliche, liebende, hilfreiche Person.[95]

Wie die Betroffene Jesus „am Gesicht" erkannt haben will, bleibt ihr Geheimnis, da wir ja, wie gesagt, kein zuverlässiges Porträt von ihm besitzen. Sie sah wohl eine Person, die den ihr bekannten sakralen Jesus-Darstellungen ähnelte.

Auch Sally Leighton aus Illinois wurde mit einer religiösen Figur konfrontiert, als sie dem Tod nahe war. Für sie war es sogar der Herrgott selbst:

Ich war in der Gegenwart des Heiligen, und ich wußte in einer blendenden Erleuchtung, warum Gott von jedem alles fordern konnte, so absurd mir das „alles" auch vorkam.

Es gab für mich keinen Zweifel, daß dies der Gott Abrahams, Isaaks und Moses' war, der Gott, der die Anklage Hiobs überwältigte.[96]

Sally Leighton kannte sich laut eigenen Aussagen in der Bibel aus und wusste auch mit Hiob („Hiobsbotschaft") etwas anzufangen. Wieder stellt sich die Frage, ob ein religiöser oder zumindest religiös informierter Mensch „Gott" bei einer NTE sieht, einfach weil er eine entsprechende Erwartungshaltung hat.

Neben solchen Begegnungen ist aber allen Beschreibungen (außer bei negativen NTEs) gemeinsam, dass die

Zeugen immer wieder die Worte „Licht" und vor allem „Liebe" benutzen und auch berichten, dass sie sich dort mehr als anderswo „zu Hause" gefühlt hätten. Solche Schilderungen erwecken den Anschein, dass das menschliche Ich tatsächlich – so, wie es auch die Religionen verkünden – auf der Erde nur zu „Besuch" ist. Die wahre Heimat oder Bestimmung liegt offenbar anderswo ...

Höllenqualen und Horrorvisionen

In den meisten Religionen, Sekten und Glaubensgemeinschaften gilt Selbstmord als Sünde. Tatsächlich scheinen diverse Berichte von NT-Erfahrenen, die sich das Leben nehmen wollten, solchen Ideen neue Nahrung zu geben.

Der NTE-Forscher Dr. Michael Schröter-Kunhardt berichtet beispielsweise in einem Artikel über einen Arbeiter ohne religiöse Bildung, der Selbstmord begehen wollte und dabei eine sehr seltsame Erfahrung machte. Der Mann versuchte erfolglos, sich in seinem Schuppen zu erhängen, und berichtet:

> Ich sprang vom Dach des Schuppens in meinen Hinterhof herunter. Glücklicherweise hatte ich den zerbrochenen Gartenstuhl vergessen, der neben dem Schuppen lag. Meine Füße prallten auf diesen Stuhl und stoppten meinen Fall, ansonsten wäre mein Rückgrat gebrochen. Ich hing in dem Seil und erstickte. Ich war außerhalb meines physischen Körpers. Ich sah meinen Körper im Seil hängen, es sah furchtbar aus. Ich [...] konnte sehen und hören, aber irgend-

wie war es anders – schwer zu erklären. Um mich herum waren überall Dämonen; ich konnte sie hören, aber nicht sehen. Sie schnatterten wie schwarze Vögel. Es war, als wüßten sie, daß sie mich hatten, und daß sie die ganze Ewigkeit Zeit hätten, mich in die Hölle zu ziehen und zu quälen.

Es würde die schlimmste Art von Hölle sein, hoffnungslos eingefangen zwischen zwei Welten, verloren und verwirrt die ganze Ewigkeit herumirrend.

Ich mußte zurück in meinen Körper. Oh, mein Gott, ich brauchte Hilfe. Ich lief zum Haus, rannte durch die Tür, ohne sie zu öffnen, und schrie nach meiner Frau, die mich aber nicht hören konnte; darum ging ich geradewegs in ihren Körper hinein. Ich konnte mit ihren Augen und Ohren sehen und hören. Dann stellte ich den Kontakt her, hörte sie sagen:

„Oh, mein Gott!"

Sie griff nach einem Messer auf dem Küchenstuhl und rannte dorthin, wo ich hing, stieg auf einen alten Stuhl und schnitt mich vom Seil ab. Sie konnte keinen Puls finden; sie war Krankenschwester. Als das Notfallteam ankam, hatte mein Herz aufgehört zu schlagen; ich atmete auch nicht mehr.[97]

Ob ein Zusammenhang zwischen dieser negativen NTE und dem vorangegangenen Suizidversuch hergestellt werden darf, ist zu bezweifeln. Fest steht nämlich, dass nicht alle Menschen mit einer negativen NTE zugleich auch Selbstmordabsichten hatten – ebenso, wie auch nicht alle NT-Erfahrenen mit einem missglückten Selbsttötungsversuch von Dämonen und einer Art Hölle berichten.

Während die als „positiv" zu bezeichnenden NTEs bei den Betroffenen eine enorm positive Wirkung hinterlassen, ist es bei den negativen Erfahrungen umgekehrt. Zwar ist ohne Belang, ob nun eine NTE im „Himmel" oder in der „Hölle" erfahren wird, denn beide hinterlassen einen tief veränderten Menschen. Aber negative Todeserlebnisse sind ebenso intensiv wie ihre Gegenstücke. Sie werden als ebenso real und umwälzend erlebt wie eine „gute" Erfahrung. Und auch sie beeinflussen die Betroffenen nachhaltig für ihr restliches Leben. Vor allem die Einstellung zu Leben und Tod ändert sich.

Dr. Schröter-Kunhardt schreibt in einem lesenswerten Aufsatz über das Phänomen der NTE:

> So kommt es bei den modernen, zuvor eher areligiösen NTErn gleichermaßen zu einer nahezu hundertprozentigen Abnahme der Angst vor dem Tod und zu einer ebenso großen Zunahme des Glaubens an ein Leben nach dem Tod.
>
> Parallel wird eine deutliche Zunahme einer inneren Religiosität beobachtet, die aus dem Wissen von der Existenz göttlicher Kräfte bzw. Mächte (und anderer religiöser Wesen) sowie aus der Priorität religiös/ethischer Werte in diesem und in jenem Leben besteht; letztere sind jedoch vom Entwicklungsgrad der jeweiligen Religion (und Kultur) abhängig.[98]

Es ist nur allzu verständlich, dass die intensiven Erfahrungen einer NTE, ob nun gut oder schlecht, den Menschen verändern. So unmittelbar mit dem Tod konfrontiert, wird sich der Zeuge mehr denn je über Sinn und Ende seines Lebens Gedanken machen.

NTEs, die in eine Art Hölle oder Verdammnis „entführen", können sehr unterschiedlich sein. Dr. George Ritchies, der bei Dr. Moody durch seine NTE das Interesse an diesem Thema weckte, hatte eine solche Erfahrung 1943. Damals litt Ritchies an einer sehr starken Lungenentzündung, die ihn an die Schwelle des Todes brachte. Als die Ärzte Dr. Ritchies bereits für tot hielten, erlebte sein Bewusstsein Furchtbares:

Ich habe nie etwas Grausigeres gesehen. In diesem Reich erlebte ich eine Art Telepathie. Es ist nicht möglich, dort etwas zu sagen und gleichzeitig zu denken, denn man erlebt sofort jeden Gedanken unmittelbar. Christus ließ mich sehen, und ich erkannte alle Gedanken der Menschen, die sich in dieser Hölle aufhielten: Haß, Bigotterie, Engstirnigkeit. Es war wahrscheinlich das Furchtbarste, was man sich überhaupt vorstellen kann. Stellen Sie sich den gemeinsten, niedrigsten, den furchtbarsten Menschen vor. Und nun stellen Sie sich ein ganzes Heer von Menschen dieser Art vor. In dieser Hölle gab es kein Feuer und keinen Schwefel, wie man es uns beigebracht hat, sondern es war viel schlimmer.[99]

Bemerkenswert sind an diesem Bericht zwei Dinge: Zum einen beschreibt Dr. Ritchies eine „Hölle", die nicht den christlichen Vorstellungen von dort zu erleidenden satanischen Qualen entspricht. Er nennt als Ursache seiner Leiden dort schlicht die Gedanken der Menschheit. Zweitens spricht er von Telepathie, einem

PSI-Phänomen, das auch in einer ganzen Reihe paranormaler Berichte und Erfahrungen und sogar aus der UFO-Forschung bekannt ist.

Aus der ehemaligen Sowjetunion ist ein Fall bekannt geworden, bei dem ein Selbstmörder ebenfalls Sonderbares erlebte. Professor Sergej Brjuchonenko, der in den zwanziger Jahren den künstlichen Blutkreislauf entwickelte (wofür er postum 1965 den Leninpreis erhielt), wurde eines Tages von einem Offizier aus dem Kreml angerufen. Dieser berichtete ihm, dass sich ein Mann am Zaun des Mausoleums auf dem Roten Platz erhängt habe.

Professor Brjuchonenko nahm den Mann, der bereits seit einigen Stunden tot war, mit in sein Labor und schloss ihn dort an das von ihm entwickelte künstliche Herz an. Und dann geschah das Unfassbare: Der tote Selbstmörder erwachte wieder und kam zu Bewusstsein. Dem erstaunten Professor Brjuchonenko schilderte er indes eine seltsame Erfahrung. Vier Tage später starb er endgültig:

Ich war in einem anderen Land, in dem ich noch niemals vorher gewesen bin. Es war sehr groß und so schön, dass ich wieder dorthin zurück möchte. Ich habe noch von dem Wasser, das ich dort trank, den Geschmack im Mund. Dort war ein großer Springbrunnen, aus dem ich getrunken habe. Ich habe Blumen gesehen, die dreimal so groß waren wie unsere. Sie dufteten, wie es die schönsten Blumen im höchsten Sommer nicht vermögen.

Ich habe viele Menschen aus weiter Ferne gesehen. Wenn ich zu ihnen hinlaufen wollte, entschwanden sie in dem gleichen Tempo, wie ich ihnen nachlief. Unter einem riesigen Baum, der bis in den Himmel gewachsen zu sein schien, stand ein Trommler. Dieser Trommler lief nicht von mir fort. Jemand sagte zu mir, daß nun alles gut sei und daß ich auch, wenn ich wollte, fliegen könne. Der Trommler wurde dann so groß wie ein Baum. Ich konnte ihn nicht mehr sehen.

Ich lief dann noch immer weiter durch diese schöne grüne Welt und rief laut nach einem Menschen. Jetzt weiß ich, daß ich meine Mutter gesucht habe. Aber sie ist doch lange tot. Ich habe nach ihr gesucht, und jemand sagte mir auch, daß ich sie demnächst finden werde.

Aber es wird noch etwas dauern. Ich bin dann unter dem großen Baum, der bis in den Himmel ragte, eingeschlafen.

Nun weiß ich nicht mehr: Habe ich dieses Leben in einem anderen Land geträumt, oder träume ich jetzt hier einen bösen Traum?[100]

Bedeutend ist jener Teil der NTE, bei dem der Mann beschreibt, dass die anderen Menschen bzw. Seelen vor ihm davonliefen. Dieses ganz spezifische Detail ist aus einer Reihe anderer Berichte bekannt und gibt bisher Rätsel auf. Während die meisten NT-Erfahrenen aussagen, sie seien entweder von anderen Verstorbenen empfangen worden oder hätten zumindest das Gefühl gehabt, sie seien willkommen, schildern viele der Zeugen mit negativen NTEs, dass man ihnen auswich. So wird etwa geschildert, dass Jesus – oder jemand, den der Betroffene für Jesus hielt – zwar anwesend war, aber von dem neu eingetroffenen Verstorbenen im Jenseits keinerlei Notiz nahm. Andere Menschen schildern wiederum, dass sie bei ihrer NTE das Gefühl hatten, die anwesenden Gestalten würden sie schlicht ignorieren.

Man könnte argumentieren, diese Missachtung rühre daher, dass der Mensch noch nicht zum Sterben „vorgesehen" sei. Deshalb muss er wieder zurück und wird ganz einfach nicht weiter beachtet. Tatsächlich schildern die meisten NTE-Zeugen, dass bei ihrem Erlebnis irgendwann das Gefühl auftrat, „etwas" zöge sie mit großer Kraft und Macht zurück in die Welt der Lebenden und in den physischen Körper. Oder man begegnet einem Wesen, das dem Neuankömmling mitteilt, er müsse zurückkehren. Auch dem Selbstmörder des Professors Brjuchonenko wurde ja angekündigt, dass er seine Mutter erst „demnächst finden werde".

Würde es aber zutreffen, dass Menschen, die noch nicht ins Jenseits aufgenommen werden sollen, solche Einzelheiten erleben, so bleibt zu fragen, warum nicht sämtliche NT-Erfahrenen davon berichten. Schließlich kehren sie ja alle wieder ins Leben zurück. Auch hier steht die NTE-Forschung also erst ganz am Anfang. Und es ist ungewiss, ob sie dieses Rätsel jemals wird lösen können.

Der „Lebensfilm"

Ein offenbar weniger häufiges Merkmal einer NTE ist die Rückschau. Dieser „Lebensfilm" ist ein spezifisches Phänomen, das bei einigen NTE-Betroffenen auftritt, aber auch – wie bei den OBEs – in anderen Situationen vorkommen kann: So können Menschen bei Autounfällen, großer Angst oder schwerem körperlichem Leiden erleben, wie in Sekunden das gesamte Leben an ihrem geistigen Auge vorüberzieht. Interessanterweise wird dieses Phänomen also in durchaus unterschiedlichen Situationen beobachtet.[101]

Für jede Lebensschau – egal, in welcher Situation sie erfolgt – ist jedoch typisch, dass sie passiv erlebt wird. Bilder von verschiedenen und meist bedeutenden Stationen und Personen aus dem eigenen Leben ziehen am Betrachter vorüber. Hierbei sieht er sich oftmals selbst. Das heißt, dass Szenen aus vergangenen Tagen nicht aus der eigenen Perspektive von einst gesehen werden, sondern wie durch die Augen eines Dritten. Der Betreffende wird zum Zuschauer seines eigenen Lebens.

Der schwedische NTE-Zeuge Göran Grip beschreibt in seinem Buch *Everything Exists*, wie er bei seiner NTE auf ein Lichtwesen traf und mit ihm gemeinsam einen Blick zurück auf sein Leben warf:

Zusammen mit ihm ging ich durch mein ganzes, fünf Jahre langes Leben, Ereignis für Ereignis. Aber es war nicht wie ein Video im Schnelldurchlauf anzusehen. Ich erlebte es noch einmal, was geschehen war, und gleichzeitig sah ich es als Zuschauer mit ihm. Das meiste handelte von mir und meinem Bruder, auf den ich sehr eifersüchtig war. [...] Wieder erlebte ich meine Einsamkeit und Eifersucht. Wenn ich ihn schlug, fühlte ich meinen Triumph, und wenn ich ihn weinen sah, meine Bosheit. Und wenn ich gelegentlich freundlich zu ihm war, fühlte ich meine widerwillige Freude, ihn glücklich zu sehen. Doch ich erlebte auch seine Gefühle. Und das war nicht nur ein grundsätzliches Verstehen.

Ich erlebte direkt, wie es war, er zu sein, mich als großen Bruder zu haben. [...] Ich erlebte seine Gefühle so klar wie meine eigenen. So war dies eine eindrückliche und harte Lehre über die Folgen meiner eigenen Taten.

[...] Nachdem ich nun alles durchlebt hatte, was ich meinem Bruder angetan hatte, war ich in einer Situation, in der es mir möglich war, zu sehen, was an meinen Taten gut und was schlecht war.[102]

Wiewohl diese Lebensschau eher als atypisch zu bezeichnen ist, begegnet einiges daraus immer wieder. So werden hier fraglos Belehrungen offenbart. Der Mensch, der auf diese Art und Weise auf sein Leben blickt, wird auf Missetaten oder falsche Entscheidungen in seinem bisherigen Leben aufmerksam gemacht. In der anderen Welt weist ihn irgendjemand oder irgendetwas zurecht, sodass er erkennt, was in seinem Leben nicht in Ordnung ist.

Dies erinnert stark an das „Gericht" am Ende des Lebens, von dem viele Religionsgemeinschaften sprechen. Dennoch darf man derartige Schilderungen nicht ohne weiteres mit religiösen oder gar „göttlichen" Erfahrungen gleichsetzen, kommen sie doch ohne das Zutun des Betreffenden zustande. Menschen können dagegen mit Sicherheit auch ohne einen Impuls von außen – oder, wie hier, aus dem Jenseits – ihre Fehler erkennen und daraus ihre Lehren ziehen.

Natürlich hat man versucht, derartige „Lektionen" als rein psychische Erscheinungen aus den Tiefen des Unterbewusstseins zu erklären. Der Betroffene ist sich eigentlich über seine Fehler im Klaren, verdrängt sie jedoch oder will sie nicht wahrhaben – und erst die Lebensrückschau führt sie ihm ganz offensichtlich vor Augen. Was er im Unterbewusstsein längst wusste, wird ihm nun ins Bewusstsein gerufen.

Diese Interpretation mag viel für sich haben, erklärt aber nicht befriedigend das NTE-Subphänomen der Lebensschau an sich. Denn die Berichte, die schildern, dass der Lebensfilm als Belehrung und Zurechtweisung erlebt wurde, sind weit seltener als jene, die einfach aussagen, man habe sein Leben schlicht noch einmal vorüberziehen sehen. Praktisch alle wichtigen Stationen und Situationen werden dabei erneut „durchlebt". Der NTE-Forscher Dr. Raymond E. Moody beschreibt dies in seinem Klassiker *Leben nach dem Tod*:

Diese Rückschau läßt sich wohl am ehesten als ein Wiederauftauchen von Erinnerungsbildern beschreiben, denn dieses Phänomen kommt ihr am nächsten; andererseits weist sie jedoch Merkmale auf, die sich von jedem normalen Erinnerungsprozeß abheben. Zunächst einmal läuft sie mit außerordentlicher Geschwindigkeit ab. In zeitlicher Hinsicht wird berichtet, daß die Bilder einander rasch und in chronologischer Ordnung folgen. Andere Zeugen wiederum können sich nicht erinnern, überhaupt eine zeitliche Reihenfolge wahrgenommen zu haben. Das Wiedererkennen ging blitzartig vor sich; alle erinnerten Geschehnisse erschienen gleichzeitig und konnten mit einem Blick des geistigen Auges erfaßt werden. Unabhängig von der jeweiligen Ausdrucksweise der Betroffenen besteht offenbar doch Einigkeit darüber, daß das Erlebnis, gemessen an irdischer Zeit, in einem einzigen Augenblick vorüber war.

Obwohl sie so außerordentlich rasch vor sich geht, wird die Rückschau, die fast durchweg als Spiel visueller Vorstellungsbilder bezeichnet wird, von den Betroffenen doch übereinstimmend als erstaunlich lebendig und lebensecht dargestellt. In manchen Fällen wird von dreidimensionalen und sogar bewegten Bildern in lebhaften Farben berichtet. Selbst wenn sie Schlag auf Schlag vorbeiflimmern, wird dennoch jedes einzelne Bild wahrgenommen und auch erkannt, ja während des Betrachtens werden die mit den Bildern zusammenhängenden Gefühle und Gemütsbewegungen manchmal sogar erneut durchlebt.[103]

Besonders soll auf den Umstand hingewiesen werden, dass – sofern die Bilder nicht gleichzeitig erscheinen – der Lebensfilm der realen Chronologie folgt. Das heißt, das Unterbewusstsein (wenn es denn als der Auslöser zu identifizieren ist) ist auch bei einer NTE in der Lage, korrekte Informationen zu liefern.

Viele Forscher halten es allerdings für möglich, dass bei einer NTE die ominösen Lichtwesen Auslöser der Lebensrückschau sind. Schließlich werden derartige „Lichtgestalten" sehr oft beobachtet. So zum Beispiel schildert ein Zeuge, dass er bei einer NTE mit einem Lichtwesen eine Rückschau erlebte, die er als Belehrung verstand:

Es war alles überaus seltsam: daß ich dort war, tatsächlich diese Rückblenden sah und mich in so raschem Tempo durch die ganzen Szenen hindurchbewegte. Dennoch waren sie nicht so schnell, daß ich sie nicht mehr hätte aufnehmen können. Das Ganze hat trotzdem nicht lange gedauert, glaube ich. Anscheinend erschien zuerst das Licht, dann verfolgte ich die Rückblenden, und danach kam das Licht zurück. [...]

Ich habe es genossen, in meine Kindheit zurückzukehren, sie gewissermaßen beinahe noch einmal zu erleben. Ich wurde in die Vergangenheit zurückversetzt und überschaute sie in einer Weise, wie man es eben normalerweise nicht kann.[104]

Das Phänomen der Lebensschau ist weltweit zu beobachten und widerfährt offenbar Menschen jeden Alters und Geschlechts, jeder Religion, Rasse und gesellschaftlichen Schicht. Und immer hinterlässt es bleibenden Eindruck. Der NT-Erfahrene Stefan von Jankovich sah während seines klinischen Todes ebenfalls einen solchen Lebensfilm. Er beschreibt ihn als sein „großartigstes Erlebnis" und „eine dramatische Vorführung des eigenen Charakters". Interessant ist der Fall vor allem deshalb, weil von Jankovich in seinem Lebensfilm rund 2000 Szenen aus seinem Leben erkannt haben will.[105]

Bei einer derart konkreten wie astronomischen Angabe stellt sich die Frage, nach welchen Mustern Lebensfilme „erzeugt" werden. Auch wenn man hier gern ein „Gesetz" ableiten möchte, ist ein solches wohl kaum nachweisbar. Die Zahl 2000 in diesem Beispiel hat meiner Meinung nach keinerlei Bedeutung. Näher liegt wohl die Annahme, dass sich die Anzahl der geschauten Bilder oder Szenen vor allem nach dem Alter des Zeugen richtet. Hinzu kommt die Intensität und Reichhaltigkeit des Lebens selbst, denn jeder Mensch macht ganz individuelle Erfahrungen und entscheidet selbst darüber, welche Situationen er für wichtig oder gar für eine Wende im Leben erachtet.

Die Rückschau ist indes offenbar nicht auf NTEs beschränkt. Der Bergsteiger Professor Albert Heim, ein Geologe aus der Schweiz, der sich diesem Phänomen widmete, hatte einst selbst eine Lebensrückschau bei einem Unfall. Als er einmal in den Alpen unterwegs war, blies ihm der Wind den Hut vom Kopf, und er stürzte bei dem Versuch, den Hut einzufangen, ungesichert in die Tiefe. Dabei sah er einen Lebensfilm in typischer NTE-Art:

> Ich sah, wie sich mein ganzes vergangenes Leben in vielen Bildern abspielte, wie auf einer dicht vor mir befindlichen Bühne. Ich selbst war der Hauptdarsteller in der Aufführung. Es war [...] eine schnelle, verschwenderische Folge klarer, bestimmter Bilder [...] fast im gleichen Augenblick [...]. Als blickte ich aus dem Fenster eines hohen Hauses, sah ich mich als siebenjährigen Jungen zur Schule gehen. Dann sah ich mich im Zimmer der vierten Klasse mit meinem verehrten Lehrer Weiß. Ich führte mein Leben wie ein Schauspieler auf der Bühne vor, auf die ich vom obersten Rang des Theaters hinabblickte. [...] ich erkannte mich bei eifriger Arbeit im Zeichensaal der Kantonsschule, beim Abnehmen von Prüfungen und bei Bergtouren [...] und wie ich das erste Bild vom Zürichberg zeichnete.[106]

Auch bei Ertrinkenden, die nur knapp überleben, lassen sich solche Erlebnisse beobachten. Schon 1881 schrieb der französische Psychologe Th. Ribot:

Es sind verschiedene Berichte im Umlauf, wonach Menschen, die im letzten Augenblick vor dem Ertrinkungstod gerettet wurden, übereinstimmend angegeben haben, sie hätten, als eine Art Scheintod eingetreten war, ihre ganze Vergangenheit bis in die kleinsten Einzelheiten an sich vorbeiziehen gesehen.[107]

Aber auch Situationen, die nicht mit Lebensgefahr, Verletzungen oder Erkrankungen einhergehen, können eindrückliche Rückschauen erzeugen. Ein Lkw-Fahrer berichtete Dr. Moody von seinem Erlebnis. Bei einer Tour schlief er ein, sein Lkw kam ins Schwanken und stürzte um. Als der schwere Sattelschlepper auf der Seite über die Fahrbahn rutschte, machte der Fahrer eine sonderbare Erfahrung:

Während dieses Augenblicks, als der Wagen ins Rutschen kam, lief in Gedanken mein ganzes Leben vor mir ab. Ich sah nicht alles, nur die Höhepunkte. Es war vollkommen lebensecht. Als erstes sah ich, wie ich hinter meinem Vater am Strand entlang stapfte, als ich zwei Jahre alt war. Der Reihe nach kamen noch ein paar andere Erlebnisse aus meinen ersten Lebensjahren, und danach stand mir vor Augen, wie ich als Fünfjähriger das neue rote Auto demolierte, das ich zu Weihnachten bekommen hatte. [...]
Alle diese Ereignisse und noch viele andere zogen da im Geist blitzschnell an mir vorüber. Vermutlich dauerte es nicht länger als den Bruchteil einer Sekunde. Auf einmal jedoch war es vorbei, ich stand da, starrte auf den Lastwagen und dachte, ich sei tot, dachte, ich sei ein Engel. Ich kniff

mich in den Arm, um herauszukriegen, ob ich noch am Leben war, oder ein Geist, oder was eigentlich.

Der Laster war ein einziger Trümmerhaufen, während ich nicht einen Kratzer abbekommen hatte.[108]

Der Lebensfilm ist also ein PSI-Phänomen, das nicht auf NTEs beschränkt ist. Wie die OBEs sind Rückschauen Teil des Gesamtphänomens NTE. Berichte von Lebensfilmen ohne eine NTE legen daher den Schluss nahe, dass hier eine Erscheinung vorliegt, die vom Gehirn ausgelöst wird. Wie bereits erwähnt, wird die Theorie diskutiert, das Unterbewusstsein hole dabei längst vergangene und eigentlich „vergessene" Bilder und Eindrücke wieder ins Bewusstsein zurück. Begleitet wird diese Erfahrung häufig von einem jener Lichtwesen, die dem Betreffenden Belehrungen über sein bislang geführtes Leben zuteil werden lassen.

Skeptiker werden sich fragen lassen müssen, wozu der Lebensfilm dienen soll wenn nicht zur „Zurechtweisung". Schließlich ist nicht viel Sinn darin erkennbar, dass allein unser Körper im Stadium des Sterbens eine Lebensrückschau erzeugen sollte, die alle Fehler noch einmal aufrollt. Dem widersprechen auch die Berichte einer ganzen Reihe von Betroffenen, sie hätten die im „Film" enthaltenen Bilder und Situationen so intensiv erlebt, dass sie auch die Gefühle der von ihnen einst verletzten Menschen spüren konnten. Noch einmal: Welchen Zweck sollte der Körper oder das Unterbewusstsein als Quelle dieser Rückschau damit verfolgen, dem Sterbenden seine Fehler vorzuführen, wenn er im Angesicht des Todes doch ohnehin keine Chance mehr hat, sein Leben zu ändern?

Während einzelne wissenschaftliche Disziplinen noch immer dazu neigen, hinter NTEs in Verbindung mit hormonellen Vorgängen rein psychische Phänomene zu vermuten, die das Sterben erleichtern sollen, zeichnen Lebensfilme ein anderes Bild. Denn das Erleben unangenehmer Situationen und der Gefühle verletzter Menschen kann man sicher nicht als „positiv", „erleichternd" oder „angenehm" bezeichnen. Der Lebensfilm ist folgerichtig eine der vielen PSI-Erscheinungen, die weiterhin einer Erklärung harren.

Interessanterweise zeigen solche Lebensfilme keine zukünftigen Ereignisse. Man blickt nur in die Vergangenheit des eigenen Lebens. Anders verhält es sich beispielsweise beim parapsychologischen Phänomen der UFO-Entführungen: Jene Personen, die angeben, sie seien von UFOs entführt und von fremden Kreaturen „befragt" und „untersucht" worden, berichten in diesem Zusammenhang oft von Visionen, die sich auf die Zukunft bezogen. Sie beschreiben zum Beispiel Filme oder Szenen, die auf „holographischen Flächen" oder Ähnlichem erscheinen und sehr oft schreckliche Zukunftsszenarien darstellen, die die gesamte Welt betreffen. Auch diese rätselhafte und in den Schilderungen immer wiederkehrende „Schauung" im Rahmen des UFO-Phänomens ist bis heute nicht zu erklären.[109]

Nahtoderfahrene beschreiben in großer Übereinstimmung nicht nur gewisse Einzelheiten des Erlebnisses an sich, sondern auch die Rückkehr ins Leben. Denn nachdem sie alle einen Blick auf „die andere Seite" geworfen hatten, mussten sie irgendwie wieder in ihren Körper zurückgelangen, um überleben und von ihrer NTE berichten zu können.

Die Rückkehr in unsere Welt scheint eines der einschneidendsten Erlebnisse während einer NTE zu sein. Die Betroffenen befinden sich im Rahmen ihrer „Jenseitsvision" in einer sonderbaren anderen Welt, sprechen mit Lichtwesen, treffen verstorbene Freunde, sehen ihren persönlichen Lebensfilm oder wandern durch herrliche Landschaften. Aber was auch immer im Jenseits erlebt wurde – der Abschied kommt plötzlich.

Meistens sagen die Zeugen aus, dass jene Gestalt, die sie dort getroffen hätten, ihnen mitteilte, für sie sei es „noch nicht so weit". Sie müssen zurück. Andere wiederum erfahren dies nicht von einem Engel oder Verwandten, sondern verspüren schlicht den unwiderstehlichen Drang, in die Welt der Lebenden zurückzukehren. Selbst wenn sie – wie so viele von sich im Nachhinein behaupten – viel lieber „dort" bleiben würden, zieht sie eine rätselhafte „Kraft" doch zurück.

Spiritisten und Esoteriker werfen an dieser Stelle ein, dass Menschen, die diese Botschaft erhalten, offenbar noch eine wie auch immer geartete „Mission" auf Erden zu erfüllen haben. Doch tatsächlich ist es so, dass alle NT-Erfahrenen – auch diejenigen also, denen man nichts Derartiges im Jenseits sagt – meinen, sie seien „wichtig" auf Erden. Sie sind der Auffassung, dass ihr Leben einen Sinn hat, dass sie auf Erden gebraucht werden und dass sie gewisse Dinge zu erfüllen haben. Dies ist insoweit interessant, als derlei „Nachwirkungen" sich auch bei UFO-Entführten erkennen lassen. Auch diese Menschen sind der festen Überzeugung, sie müssten noch bestimmte Ziele in ihrem Leben erreichen. Sie sehen sich selbst, die gesamte Menschheit, das Universum, aber auch religiöse oder spirituelle Themen plötzlich mit ganz anderen Augen. Oft geht damit ein tiefgreifender Wandel von Persönlichkeit, Weltbild und Lebenseinstellung einher. Sie glauben – genau wie die NT-Erfahrenen –, sie seien nun Teil von etwas Besonderem geworden.

Wer sich mit den Lichtwesen, die dem Sterbenden zurückzukehren befehlen, nicht anfreunden kann, wird wohl eher der These anhängen, der Betroffene werde durch die geglückte Reanimation ins Leben zurückgeholt. Dies setzt voraus, dass die Seele im Jenseits immer noch mit dem Körper auf der Erde verbunden ist (sonst könnte sie ja nicht zurückkehren). Oder aber die gesamte NTE findet ausschließlich im Kopf des Sterbenden statt, sein Gehirn registriert die gelungene oder gelingende Wiederbelebung und baut sie als „Zwang zur Rückkehr" in die NTE ein.

Zum Vergleich lassen sich bestimmte Träume heranziehen, in die störende Geräusche aus der Umgebung des Schläfers integriert werden. So etwa wird das Läuten des Weckers als Geräusch ganz anderer Ursache in einen gerade ablaufenden Traum eingebaut – und sei es nur für einen Augenblick, eben so lange, bis man tatsächlich erwacht. Offenbar versucht der Organismus so, Störungen zu „überhören". Übertragen auf eine NTE würde das bedeuten, dass Geist, Seele oder Bewusstsein des Betroffenen diese als traumatische Vision erlebt und die Rückkehr stets in ähnlicher Weise einleitet.

Nahtoderfahrungen heißen so, weil es dabei eben „nur" fast zum Tod des Individuums kommt, das ja stets wieder ins Leben eintritt. Niemand weiß dagegen, was nach dem endgültigen Tod geschieht. Wollen uns Erfahrungen zwischen Leben und Tod „mitteilen", dass es doch ein Leben nach dem Leben gibt und dass die menschliche Seele nach dem irdischen Ende sehr wohl weiter existiert? Wie aber sieht dann das „Danach" aus?

All diese Fragen kann niemand beantworten. Wenn es dem Menschen jedoch tatsächlich möglich sein sollte, sein Bewusstsein mit „hinüber", in eine andere Form der Existenz mitzunehmen, dann erscheinen auch andere Phänomene der paranormalen Art ebenso plausibel. Die Rede ist von Botschaften aus dem Jenseits, von PSI-Kontakten zu Verstorbenen und von einer Einflussnahme der Toten auf unser Leben. Hier öffnen sich die Tore zu einer Welt, die mehr Rätsel und Fragen aufwirft, als wir im Moment zu formulieren in der Lage sind – von den Antworten einmal ganz abgesehen ...

Botschaften aus dem Jenseits

Ein Phänomen der Grenzwissenschaft, das so alt ist wie die Menschheit, sind die so genannten „Geistererscheinungen". Und auch wenn die allgemeine Vorstellung von Gespenstern vor allem durch klischeehafte Filme und Literatur geprägt ist, in denen sie seufzend oder mordend durch alte Gemäuer wandeln, steckt offenbar doch mehr hinter diesem Phänomen.

Wenn man in Erwägung zieht, dass die Seele des Menschen nach dem Tod in einer wie auch immer gearteten „jenseitigen Welt" weiter existieren könnte, stellt sich damit auch die Frage, ob wir von Verstorbenen auch Botschaften oder ähnliche Zeichen empfangen können. Viele merkwürdige Geschichten scheinen jedenfalls nahe zu legen, dass Menschen aus dem Jenseits Informationen erhielten, die ihnen auf „normalem" Wege nicht zugänglich gewesen wären.

Besuch von Toten

„Geschwätzige" Gespenster

Ein interessantes Erlebnis hatte Dr. Edmund F. Mitte der dreißiger Jahre des 20. Jahrhunderts in einem Ort in Ostpreußen, wo er als Amtsrichter beschäftigt war.

Einmal in der Woche musste er zum Gerichtstag in einen drei Stunden entfernten Ort fahren. Am 11. September 1937 war es wieder so weit; doch diesmal zogen sich die Verhandlungen in die Länge, und so beschloss Dr. F., im Gasthaus „Zum Löwen" zu übernachten. Einige Wochen zuvor war ein alter Mann mit Namen Lüders in diesem Hotel gestorben, dessen Dachzimmer nun Dr. F. zugewiesen bekam.

Bereits in der ersten Nacht kam es in diesem Zimmer zu sonderbaren Vorfällen. Nachdem Dr. F. gegen 23 Uhr zu Bett gegangen war, wurde er plötzlich von einem lauten Knall aus dem Schlaf gerissen und vernahm schlurfende Schritte auf dem Flur, die sich offenbar seinem Zimmer näherten. Dr. F. hielt den Atem an. Dann hörte er deutlich, wie seine Zimmertür geöffnet wurde und sich die Schritte seinem Bett näherten. Er hatte das Gefühl, dass irgendjemand oder irgendetwas über seine Bettdecke strich, bevor es sich wieder entfernte. All das hatte sich bei von innen verschlossener Tür abgespielt.

Am folgenden Morgen berichtete Dr. F. dem Wirt Bandow sein nächtliches Erlebnis, der ihm gestand, dass seit dem Tod des alten Lüders in diesem Zimmer nicht mehr alles mit rechten Dingen zuging. Dr. F. hörte zwar aufmerksam zu, konnte sich aber nicht dazu entschließen, an einen Geist in seinem Zimmer zu glauben. Dennoch sprach er mit dem Wirt ab, dass er nun immer, wenn er im Ort übernachten müsse, ebendieses Zimmer erhalten sollte. In der folgenden Nacht, die er noch dort verbringen musste, geschah jedoch nichts.

Beim nächsten Besuch allerdings begann der Spuk von neuem. Wieder hörte er die schweren Schritte, vernahm das Quietschen der Zimmertür und spürte eine Berührung auf der Bettdecke. Doch diesmal entfernten sich die Schritte nicht sogleich wieder aus dem Zimmer, sondern machten Halt am Schreibtisch, von wo Dr. F. sonderbare Geräusche hörte, die er nicht einordnen konnte.

Die vierte Nacht im Dachzimmer wurde noch unheimlicher. Diesmal versuchte Dr. F. den, der da nach seine Decke fasste, zu berühren, griff aber ins Nichts. Dann spürte er einen Stoß gegen die Brust und fiel rückwärts aufs Bett. Fast im selben Augenblick bildete sich in der Mitte seines Zimmers eine unheimliche und diffuse Lichtwolke, in der Dr. F. die schwachen Umrisse des verstorbenen Lüders zu erkennen glaubte. Diese Gestalt, die ein langes weißes Gewand trug, schritt zum Schreibtisch und stieß mit dem Fuß an ein Schubfach. Dann verschwand die Erscheinung.

Dr. F. sprang aus dem Bett und ging zum Schreibtisch, um die Schublade näher zu untersuchen; er tastete auch nach eventuellen Geheimböden. Da er jedoch nichts finden konnte, schilderte er am Morgen sein Erlebnis dem Wirt. Man beschloss, das fragliche Schubfach noch einmal genauer zu untersuchen, und als Bandow es herauszog, fiel es zu Boden. Dabei sprang eine Holzplatte heraus, die ein Geheimfach verborgen hatte. Darin lag ein Umschlag mit der Aufschrift „Mein letzter Wille".

Die beiden Männer entnahmen dem Schreiben, dass Lüders vor vielen Jahren ein Testament gefälscht hatte, um seine Schwester um das Erbe eines Verwandten zu betrügen. Dies hatte ihn zu einem wohlhabenden Mann gemacht. Dr. F. legte das Testament einem Notar vor, der es als rechtskräftig anerkannte – und so kam Lüders' Schwester am Ende doch noch zu ihrem rechtmäßigen Vermögen.[110]

Offenbar konnte die Seele des alten Mannes erst Ruhe finden, nachdem das Unrecht, das er zu Lebzeiten an seiner Schwester begangen hatte, entdeckt und gesühnt war. Ein Geist mit späten Gewissensbissen also?

Ähnliche Berichte gibt es jedenfalls zuhauf. Einer von ihnen hat sich in North Carolina zugetragen. Der Landwirt J. L. Chaffin aus Davie County schrieb am 16. November 1905 seinen Letzten Willen nieder. In diesem beglaubigten Testament enterbte er drei seiner vier Söhne und seine Frau und vermachte all seine Habe seinem vierten Sohn.

Einige Jahre später schrieb Chaffin ein zweites Testament, das er in einer Bibel versteckte. In seinen Mantel jedoch nähte er einen kleinen Zettel ein, auf dem stand: „Lest das 27. Kapitel der Genesis in der Bibel meines alten Vaters". Dort hatte er das neue Testament verborgen. Chaffin starb am 27. November 1924 bei einem schweren Unfall. Der vierte Sohn erhielt das gesamte Erbe, wie es das erste Testament bestimmte.

Im Juni 1925 hatte der zweite Sohn des Farmers jedoch einen sehr lebhaften Traum, in dem ihm sein Vater erschienen war. Kurz darauf träumte er ein weiteres Mal von seinem Vater:

Er war gekleidet, wie ich ihn zu Lebzeiten gesehen habe. Auch trug er einen schwarzen Überzieher, den ich als den seinen erkannte.

132

Diesmal sprach der Geist meines Vaters zu mir. Er öffnete seinen Mantel ein wenig, zog ihn etwas zurück und sagte:„Mein Testament wirst du in der Tasche meines Überziehers finden!" Dann verschwand er.[111]

Aufgelöst schilderte der Sohn seiner Mutter dieses nächtliche Erlebnis. Der Mantel seines Vaters war im Besitz eines Bruders, der ihn am 6. Juli 1925 bei einem Besuch mitbrachte. Tatsächlich fand sich in ihm, eingenäht in die Innentasche, der Zettel mit dem Hinweis auf die Bibelstelle. Nach einigem Suchen fand sich auch die fragliche Bibel und in dieser, im 27. Kapitel des ersten Buches Mose, das zweite, rechtskräftige Testament.

Ähnlich wie in diesen beiden Fällen übermitteln Verstorbene offenbar gern derartige Hinweise aus dem Jenseits – oft zu Angelegenheiten, die sie auf Erden nicht zu Ende bringen konnten, oder zu einem Unrecht, das nur sie aufzuklären in der Lage sind.

Der Parapsychologe Arthur Ford wurde 1896 in Titusville, Florida, geboren und zählt heute zu den bekanntesten Medien, die je lebten. Ford, der im Laufe seines Lebens zahlreiche mediale Kontakte mit Verstorbenen gehabt haben will, berichtet in seinem Buch *Bericht vom Leben nach dem Tode*[112] über eine Art Experiment, das er mit einem im Sterben liegenden Freund anstellte.

Nach dem Militärdienst studierte Ford Theologie. Eines Tages erkrankte sein Kommilitone und langjähriger Freund Joe an einer schweren Lungenentzündung. Joe, der mit Ford bereits seit längerem spiritistische Versuche durchführte, spürte, dass er sterben würde, und ließ seinen Freund rufen. Er teilte ihm mit, dass sein Tod nahe war. „Wenn es überhaupt möglich ist zurückzukommen, werde ich es dir beweisen", sprach er auf dem Sterbebett. Damit nur Ford es hören konnte, flüsterte er ihm jenes Wort ins Ohr, das der Beweis sein sollte: „Dynamus", das Losungswort ihrer Studentenverbindung. Mit diesem Wort wollte sich Joe aus dem Jenseits bei seinem Freund melden. Noch am selben Tag starb Joe.

Einige Monate später sprach eine Hellseherin Ford bei einer spirituellen Sitzung in Michigan an und teilte ihm mit, dass sie eine Botschaft für ihn habe. Ein Verstorbener habe sie ihr übermittelt. Sie laute „Dynamit oder so ähnlich". Wieder ein Jahr später erhielt Ford von einem weiteren Medium eine ganz ähnliche Nachricht. Im dritten Jahr behauptete ein weiteres Medium, „von Joe" eine Nachricht an Ford zu haben: „Er wiederholte ständig das Wort ‚Dynamit' oder ‚Dynamo'. So ähnlich klang es jedenfalls."

Ford hält diese Mitteilungen für den „Beweis für das Weiterleben nach dem Tode" und ist überzeugt, dass „Joe sein Versprechen wahr gemacht habe".[113]

Natürlich vermutet man vor allem in der Geschichte von Arthur Ford einen Schwindel der beteiligten Medien: Irgendwie könnten sie von Joes Losungswort erfahren und es dann, um Fords Erwartungen zu erfüllen, an Ford übermittelt haben. Auch ist es sicherlich denkbar, dass das erste Medium den anderen beiden die Information weitergab. Doch hatte Joe nicht das Losungswort auf dem Sterbebett dem Freund ins Ohr geflüstert? Wie also sollte jemand anders davon erfahren haben?

Manifestationen von Geistern, wie wir sie uns im Folgenden noch etwas näher ansehen wollen, sind keine Erscheinungen schemenhafter Gestalten, die in dunklen Nächten an unheimlichen Orten umgehen. Zwar scheint es in der Tat „privilegierte" Plätze zu geben, die Geister geradezu anziehen, doch wichtiger noch als der Ort sind diejenigen, die diese Spukgestalten erblicken. So berichten die meisten Menschen, die dergleichen erfahren haben, dass ihnen Verwandte erschienen seien.

Verschiedenen Studien und Umfragen zufolge will jeder vierte US-Bürger schon einen Geist gesehen haben. In Europa behauptet das sogar jeder Dritte von sich. 66 Prozent der Witwen, die man befragt hatte, gaben an, ihnen sei schon einmal ihr verstorbener Mann erschienen. Und sogar 75 Prozent der Eltern, die ein Kind verloren hatten, waren noch im ersten Jahr nach dem Todesfall dem Geist ihres Kindes begegnet.[114]

Die meisten dieser parapsychologischen Untersuchungen ergaben noch weitere erstaunliche Resultate. Hier einige Beispiele: Der englische Arzt Dr. W. Dewi Rees sprach in der englischen Grafschaft Wales mit etwa 300 Witwen und Witwern. Davon gaben 47 Prozent an, dass sie zum Teil über Jahre hinweg das Gefühl hatten, ihr verstorbener Ehepartner habe irgendwie nach seinem Tod mit ihnen in Kontakt gestanden.[115] Bei einer Befragung von Witwen und Witwern in Kanada durch Dr. Earl Dunn waren es sogar 50 Prozent, die nach dem Tod ihres Partners eine Verbindung mit ihm gespürt haben wollten.[116]

Der Soziologe Andrew Grelles von der Universität Chicago fragte 1467 US-Bürger, ob sie je das Gefühl hatten, mit einem Verstorbenen in Verbindung zu stehen. 27 Prozent der Befragten bejahten.[117] Als der Psychologe Dr. Robert Kastenbaum von der Universität Detroit 140 Personen danach befragte, nickten 45 Prozent.[118]

Diese Liste ließe sich beliebig verlängern. Wenn man diesen Angaben Glauben schenken darf, verspüren anscheinend die Toten noch aus dem Jenseits heraus das Bedürfnis, bei ihren Angehörigen zu sein, die sie im Leben zurücklassen mussten. Um dieses Phänomen zu erklären, wird zuweilen mit religiösen und spirituellen Ansätzen im Sinne von „Trost spendenden, letzten Mitteilungen" bis hin zu psychischen Auslösern hantiert, die in der Trauer der Hinterbliebenen zu suchen seien.

Viele Forscher deuten die angebliche Manifestation von Geistererscheinungen als Ausgeburten der Psyche des Betrachters, also als selbst projizierte Bilder. Dasselbe gilt auch für jene Menschen, die die Stimmen von Verstorbenen hören wollen. Dagegen ist allerdings einzuwenden, dass zum Teil auch mehrere Zeugen anwesend sind und dass es nicht gelingt, eine Geistererscheinung unter wissenschaftlichen Versuchsbedingungen willentlich herbeizuführen. Da davon ausgegangen werden muss, dass die Erscheinungen solcher Entitäten nicht von den Lebenden, sondern von den Toten „verursacht" werden, ist es aber nur allzu verständlich, warum diese nicht im Labor erscheinen wollen.

Eines der prominentesten Beispiele für Menschen, die die Stimmen toter Verwandter gehört haben wollen, ist der inzwischen verstorbene Astronom Professor Carl

Sagan. Er berichtete in dem Magazin *Parade* über postmortale Kontakte zu seinen Eltern:

Nach ihrem Tod habe ich meine Mutter oder meinen Vater in ganz gewöhnlichem Unterhaltungston meinen Namen rufen hören. Als sie noch lebten, haben sie meinen Namen oft gerufen. Und ich vermisse sie immer noch so sehr, dass es mir gar nicht merkwürdig vorkommt, wenn mein Gehirn ihre Stimmen empfängt.[119]

Dieses sehr typische Beispiel für einen Einfluss aus dem Jenseits könnte durchaus ganz plausibel erklärt werden. Professor Sagan bemerkt selbst, dass seine Eltern zu Lebzeiten oft seinen Namen riefen und er beide weiterhin sehr vermisse. Man könnte daraus ohne weiteres schließen, dass er sich die Stimmen – motiviert durch jahrelange Gewohnheit und anhaltende Sehnsucht – lediglich einbildete.

Solche „Streiche" des Unterbewusstseins sind in der Tat sehr zahlreich. Auch wenn ein geliebtes Haustier stirbt, kann man zuweilen das Gefühl haben, das Tier sei noch in der Wohnung. Ein solches Erlebnis hatte beispielsweise auch ein Kollege des Autors, der Wiener Peter Krassa: Monate, nachdem sein Kater Mephisto eingeschläfert worden war, meinte er plötzlich deutlich zu spüren, wie das Tier scheinbar wie gewohnt in sein Bett sprang.[120]

Tiere stellen im parapsychologischen Bereich selbst interessante Forschungsobjekte dar. Zahlreiche Autoren und Bücher verweisen immer wieder auf dieses Thema. Auch hier sind die Beispiele gut dokumentiert:

Jack Lynch übernahm die Leitung eines Wolfsreservats, dessen Gründer, E. H. McCleery, so schwer erkrankt war, dass er seinen Posten aufgeben musste. In der Nacht des 23. Mai 1962 hörte Lynch, der inzwischen an McCleerys Stelle getreten war, plötzlich, wie „seine" Wölfe über zehn Minuten lang heulten. Da Wölfe nach Lynchs Erfahrung für gewöhnlich nie länger als höchstens eine halbe Minute heulen, begann er, sich Sorgen zu machen. Doch dann verstummten die Tiere.

Am anderen Morgen jedoch erfuhr Lynch, dass genau zu jener Zeit, als die Wölfe heulten, sein Kollege McCleery im Krankenhaus gestorben war. „Ich kann das nicht erklären", meinte Lynch später, „vor allem, da McCleery 36 Meilen entfernt im Krankenhaus lag."[121]

Dieses Beispiel belegt, dass auch Tiere das haben können, was wir übersinnliche oder paranormale „Ahnungen" nennen. Wohl noch unmittelbarer als Menschen scheinen sie Dinge wahrzunehmen, die mit den bekannten Sinnen nicht erfasst werden können.

Poltergeister und Wiedergänger

Auch bei Erscheinungen der so genannten Recurrent Spontaneous Psychokinesis („Wiederkehrende spontane Psychokinese", RSPK), den berühmten Poltergeistern, können sich unerklärliche Stimmen aus dem Jenseits Gehör verschaffen. Unheimliche Erscheinungen wie Türenschlagen oder Klopfgeräusche gehören dabei zum selbstverständlichen Repertoire. Ein Beispiel mag hier genügen.

Zwischen 1977 und 1978 wurde eine Familie aus Enfield, einem nördlichen Stadtteil von London, über elf Monate hinweg von unheimlichen Geschehnissen heimgesucht. Priester, Sozialarbeiter, Fotografen und Psychologen versuchten diesen seltsamen Erlebnissen auf den Grund zu gehen und sie zu beenden.

Schon der Beginn der Heimsuchungen war unheimlich: Eines Tages wurden im Haus der Familie schlurfende Schritte hörbar, ganz so, als würde ein – unsichtbarer – Mensch durch die Zimmer gehen. Darauf folgten Klopfzeichen, die elf Monate lang ohne Unterbrechung andauern sollten! Begleitet wurden diese Phänomene von einer dunklen, sehr rauen Stimme aus dem Nichts, die die Familie mit den ordinärsten Worten beleidigte. Die Geisterstimme selbst gab sich als ein 72-jähriger Mann aus, der vorgab, in der Nachbarschaft zu leben. Als die Stimme auf Band aufgezeichnet und im Radio ausgestrahlt wurde, glaubte eine Zuhörerin, die Stimme ihres Onkels Bill Haylock zu erkennen. Dennoch konnte die Stimme bis heute nicht eindeutig identifiziert werden.

Der Spuk wurde immer schlimmer. Beispielsweise entzündete sich eine Streichholzschachtel in einer Schublade wie „von Geisterhand" und erlosch ebenso plötzlich wieder. Gegenstände, die unmittelbar daneben gelegen hatten, zeigten nach diesem Ereignis nicht die geringste Spur von Verbrennungen! Ein Fotograf machte schmerzhafte Bekanntschaft mit dem Spuk, denn ihm flog ein Spielbauklotz ohne erkennbare Ursache an den Kopf. Andere Gegenstände wurden wie von unsichtbarer Hand verbogen, Kleidung und Papier entzündete sich ebenso rätselhaft wie die Streichhölzer, und ein massiver Gitterrost des Kamins wurde gar aus der Verankerung gerissen und durch den Raum geschleudert.

Mit der Zeit stellte sich heraus, dass die zwölfjährige Tochter Janet Mittelpunkt der unheimlichen Ereignisse war. Zeugen sahen sie zwei Mal frei im Raum schweben (dieses paranormale Phänomen wird Levitation genannt), und sie wie auch ihre Schwester Rose wurde nachts des Öfteren von Geisterhand aus dem Bett geworfen; Janet fand man mehrfach auf dem Radio schlafend auf. Auch kam offensichtlich die düstere, ordinäre Stimme aus Janet selbst.[122] Tatsächlich lässt sich bei vielen Poltergeistererscheinungen beobachten, dass sie eine Person zum Zentrum haben, die in dem heimgesuchten Haus lebt. Dennoch, trotz zahlreicher Anstrengungen, die man unternahm, um das Rätsel zu lösen: Wie es zu all diesen unheimlichen Erscheinungen kam, konnte nie geklärt werden. Irgendwann verschwand der Poltergeist wieder – und zwar ebenso plötzlich, wie er aufgetaucht war.

Von ganz anderer Natur sind all jene Begegnungen, bei denen die Lebenden gar nichts vom Tod des anderen wissen, wie dies schon bei den Nahtoderfahrungen angeklungen ist. Wie erwähnt, scheinen die Jenseitigen von der Ebene ihrer Existenz aus oft der Gerechtigkeit Genüge tun zu wollen. Erst im Nachhinein stellt sich dann heraus, dass die betreffende Person – die sich Hunderte Kilometer entfernt aufhalten kann – zur fraglichen Zeit entweder schon tot war oder gerade starb.

Ein denkwürdiger Fall ereignete sich im Jahr 1950 im italienischen Camerino.[123] Einige PSI-Forscher führten Experimente mit dem Medium Maria Bocca durch. Die Séance war schon einige Zeit im Gange, als Maria plötzlich Kontakt mit einer Frau namens Rosa Menichelli bekam. Diese Frau übermittelte dem Medium, dass sie vor Jahren auf dem Friedhof von Camerino lebendig begraben worden sei. Nun aber wolle sie jedoch endlich auf ihr Schicksal aufmerksam machen, um anderen Scheintoten dieses schreckliche Ende zu ersparen.

Anwesend bei dieser Séance war auch der Psychologe und Anatomieprofessor Dr. Giuseppe Stoppolini von der Universität von Camerino. Professor Stoppolini zeigte sich so beeindruckt von dem Vorfall, dass er eine Exhumierung der Toten durchsetzen konnte – denn die Frau hatte tatsächlich gelebt. Anhand der Unterlagen des örtlichen Krankenhauses konnte er auch ermitteln, dass Rosa Menichelli, geborene Spadoni, im Alter von nur 39 Jahren bereits am 4. September 1939 an Kindbettfieber gestorben war.

Im Beisein von Dr. Matteo Marcello von der lokalen Gesundheitsbehörde, drei Vertretern der Behörde, einem Fotografen und dem Pathologen Dr. Alfredo Pesche wurde die Exhumierung elf Jahre nach der Beerdigung von Rosa Menichelli durchgeführt. Und da zeigte sich, dass sie tatsächlich lebendig begraben worden war: Offenbar war sie zum Zeitpunkt der Bestattung in einem tiefen Koma gelegen, denn die Haltung der Leiche zeigte, dass sie wenig später im Sarg erwacht sein und einen grausamen Todeskampf durchlitten haben musste.

Ein ähnlicher Fall soll sich auch in Schweden ereignet haben: So berichtet der Psychiater Dr. Nils-Olof Jacobsen von einem Ereignis, das sich Anfang 1968 in Stockholm während einer spiritistischen Sitzung ereignete.[124] Frau L. nahm zwei Mal wöchentlich mit dem Medium „Erik" an Séancen teil, die Jacobsen abhielt. Am 1. Februar 1968 spürte L. bei einer dieser Sitzungen plötzlich eine sonderbare „Energie" in ihrem Körper. Kurz darauf vernahm sie die Stimme eines ihr unbekannten Mannes, der sie um Hilfe bat.

Der Mann, der nur für Frau L. hörbar war und dessen Stimme auch nicht über das Medium „Erik" übermittelt wurde, sagte, dass er im Stockholmer Stadtteil Söder gelebt habe. Nun aber sei er tot und liege in seinem Bett unter Kissen begraben. Frau L. übermittelte die sonderbaren Informationen an das Medium „Erik", das sich plötzlich an den Hals fasste und stöhnte: „Er hat mich erwürgt." Der Ermordete teilte Frau L. ferner mit, dass der Täter in einem grauen Volvo geflohen sei.

Nach diesem erschreckenden Erlebnis ging Frau L. nach Hause. Sie erzählte ihrem Mann Lennart diese Geschichte und fragte ihn, ob in den Nachrichten etwas über einen solchen Mord gebracht worden war. Da er jedoch verneinte, tat Frau L. alles als seltsame Einbildung ab.

Zwei Tage später stand jedoch Folgendes in der Zeitung: In Söder habe die Polizei die Leiche eines Blumenhändlers gefunden, der mit einem Kabel erdrosselt worden war. Der Tote lag unter zwei Kissen und einer Decke in seinem Bett. Offenbar war der Täter mit dem Wagen des Opfers geflohen – einem grauen Volvo.[125]

142

Ähnliches wie der Stockholmer Fall berichtete übrigens im Jahr 1891 auch eine Zeitung in Tschechien.[126] Die englische Zeitung *Revue Spirite* druckte den Artikel 1926 noch einmal ab; dort las ihn auch Dr. Mattiesen, der selbst intensiv im Bereich des Paranormalen forschte und Dutzende von ähnlichen Fällen recherchierte, die selbst der schärfsten Kritik standhalten.[127] Mattiesen hielt diesen ganz speziellen Fall jedoch für einen der bestdokumentierten.

Am Ende des letzten Jahrhunderts, so war es der tschechischen Zeitung zu entnehmen, wurde Anna Mracek aus Vojtechow erschossen aufgefunden. Da der Täter von der Polizei nicht identifiziert werden konnte, dachte man schon daran, die Ermittlungen einzustellen.

Fast ein halbes Jahr nach der brutalen Tat erschien jedoch der Landwirt Josef Kreil bei der Staatsanwaltschaft und erzählte, ihm sei in vier Nächten die ermordete Anna Mracek erschienen. Bei jedem dieser nächtlichen Besuche habe die Ermordete gesagt, ein Mann namens Josef Zravel habe sie mit einer Flinte erschossen. Danach sei sie von einem Michail in den Stall des Mörders gezerrt worden.

Josef Kreil forderte bei der letzten Erscheinung die Ermordete auf, ihm einen handfesten Beweis dafür zu liefern, dass sie kein Hirngespinst war. Daraufhin legte die unheimliche Manifestation ihm die Hand auf die Schulter und löste sich in nichts auf. Auf seiner Schulter aber zeichnete sich nun deutlich eine schwärzliche Hand ab. Der Staatsanwalt war beeindruckt und nahm die Ermittlungen gegen die genannten Personen auf. Man wurde fündig, und tatsächlich gestanden beide

Männer den Mord an Anna Mracek, gaben jedoch an, die Frau für einen fliehenden Wilddieb gehalten zu haben.

Der Bauer Josef Kreil hatte, so der Bericht weiter, nie von diesem über fünf Monate zurückliegenden Fall gehört und war auch im Ort Vojtechow ein vollkommen Fremder gewesen. Woher also hätte er, wenn nicht tatsächlich der ruhelose Geist der ermordeten Frau ihm erschienen war, sonst wissen sollen, wer die Täter waren? Denn auch diese kannte er nicht.

In London kam es Anfang der zwanziger Jahre des 20. Jahrhunderts ebenfalls zu seltsamen Vorkommnissen. Sie trugen sich im Gestüt „The Welcomes" in Kenley, einem Außenbezirk Londons, zu. Die beiden Kriegsveteranen Ernest Dyer und Eric Tombe beschlossen 1918, Geschäftspartner zu werden und ein Gestüt zu erwerben. Die Geldeinlage sollte von Tombe kommen. Tatsächlich erwies sich die Geschäftsidee als durchaus lohnenswert, und die beiden strichen erste Gewinne ein.

Ernest Dyer jedoch hatte ein Laster, dem er auch als Geschäftsmann nicht entsagen konnte: Er spielte. Und so kam es, dass er im Laufe von zwei Jahren unbemerkt von Tombe rund die Hälfte des Geschäftskapitals in den Spielhallen Londons ließ. Als der Betrug aufflog, konnte Dyer jedoch dank eines hohen Gewinns alles samt Zinsen zurückzahlen. Mit dem Rest spielte er weiter, bis auch dieses Geld in den Spelunken und Spielhäusern Londons geblieben war. Da aber Tombe nach der Unterschlagung die Bank veranlasste, Bargeld nur noch an ihn auszuzahlen, suchte Dyer einen neuen Weg, um an Geld für sein unseliges Hobby zu gelangen.

144

Er versicherte ohne Tombes Wissen das Gestüt für die stattliche Summe von 12 000 Pfund. Nachdem Weihnachten 1921 alle Außengebäude und Stallungen niedergebrannt waren und Dyer die Versicherungsprämie einstreichen wollte, wurde ihm von der Versicherung Brandstiftung nachgewiesen. Von der Prämie sah er natürlich keinen einzigen Penny. Und mit Tombe, der über den erneuten Betrug seines Partners entsetzt war, kam es zum Streit.

Eric Tombe ließ Dyer wissen, dass er sein Büro bis Ende April 1922 zu räumen habe. Am 5. April 1922 wurde Tombe zum letzten Mal gesehen. Der Verlobten von Tombe und dessen Vater, Reverend George Tombe aus dem etwa 100 Meilen entfernten Oxfordshire, gegenüber erklärte Dyer, dass sich sein einstiger Partner abgesetzt habe, um nach Paris zu gehen. Doch niemand schenkte ihm Glauben. Dyer selbst verschwand im November 1922 von der Bildfläche.

Reverend Tombe hatte fortan sonderbare Träume, in denen ihm mitgeteilt wurde, dass seinem Sohn etwas Schreckliches zugestoßen sei. Als er Scotland Yard informierte, versicherte man ihm, dass Eric wohl sein Leben in London habe hinter sich lassen wollen und nun tatsächlich in Paris sei. Und wirklich: In einer Pariser Bank tauchten kurze Zeit später Schecks mit Tombes Unterschrift auf.

Der Reverend jedoch zweifelte daran, dass sich sein Sohn ohne ein Wort ins Ausland abgesetzt hatte. Auch kam ihm Dyers Verschwinden sonderbar vor. Da hatte er eines Nachts wieder einen dieser seltsamen Träume, nur diesmal lebhafter als sonst. Sein Sohn kam an sein

Bett, und da sah er sein entsetzlich entstelltes Gesicht. Dann flogen Eric und er über die Landschaften hinweg bis zum Gestüt in Kenley. Der Reverend sah, dass die Gebäude verwahrlost waren und überall Unkraut wucherte. Sein Sohn schritt zielstrebig zu einer gewaltigen Steinplatte im Boden. Dort löste sich die Traumgestalt mit einem unheimlichen Schrei in Luft auf.

George Tombe fuhr zum Gestüt und fand dort tatsächlich nach einigem Suchen die zugewachsene Steinplatte. Aber keiner der Nachbarn wollte ihm helfen, die schwere Platte beiseite zu wuchten. Angeblich gehe ein Geist, der wie Eric Tombe aussehe, genau an jener Stelle um, an der Dyer lange Zeit zuvor Erics Hund erschossen habe.

Die herbeigerufenen Polizisten unter Inspektor Hedges hoben die schwere Platte endlich. Darunter fanden sie nur einen alten Brunnen, der bis zum Rand mit Müll, Steinen und Schutt gefüllt war. Auf Drängen des alten Tombe suchte man jedoch weiter – bis einer der Beamten plötzlich auf eine verweste Hand stieß. Auch den Rest der Leiche fand man schnell. Bei der Autopsie wurde festgestellt, dass es sich hierbei um einen etwa 30 Jahre alten Mann gehandelt hatte, der durch Schüsse ins Gesicht ermordet worden war. Der Fahndungsaufruf, den Scotland Yard sofort herausgab, lautete auf den Namen Ernest Dyer.

Zunächst verliefen alle Nachforschungen nach dem mutmaßlichen Mörder ergebnislos. Die Wende kam erst, als der Polizeibeamte Lee in Scarborough einen Mann mit Namen Fitzimos aufsuchte, da dieser wegen Diebstahls gesucht wurde. Als Lee gerade das Wohnhaus des Mannes betrat, kam ihm dieser auf der Treppe entgegen. Fitzimos zog eine Waffe und zielte auf Lees Kopf. Einen Augenblick später aber richtete er die Waffe plötzlich gegen die eigene Stirn und drückte ab.

In Fitzimos' Hinterlassenschaften fand die Polizei umfassende Beweise dafür, dass es sich bei dem Mann um keinen anderen als Ernest Dyer gehandelt hatte: Schecks mit der gefälschten Unterschrift von Tombe, ein falscher Pass auf dessen Name mit dem Foto von Dyer und sogar Tombes Manschettenknöpfe mit seinen Initialen. Der Fall war endlich gelöst.[128]

Reverend George Tombe scheint in seinen Träumen „Besuch" von seinem ermordeten Sohn Eric bekommen zu haben. Dieser wollte offenbar aus dem Jenseits heraus für die Aufklärung seiner Ermordung sorgen. Eine andere Deutung der Geschichte scheint es nicht zu geben. Dass Ernest Dyer allerdings bei der Begegnung mit dem Polizeibeamten Lee durch eine „unbekannte Kraft" aus dem Reich der Toten dazu veranlasst wurde, die Waffe auf sich selbst zu richten, muss wohl ins Reich der Fantasie verwiesen werden. Er hatte wohl einfach nur genug von einem Leben in Schuld, Lüge und Angst.

Von einer ähnlichen Erfahrung mit einem Traum berichtet der Parapsychologe Gerd W. Höchsmann. Als er als Dozent für Betriebspsychologie arbeitete, wurde ihm dieser Fall von einem seiner Schüler, dem 26-jährigen Nicky Danberg (Pseudonym) erzählt:

Vor etwa fünf Jahren hatte ich erstmals einen ganz merkwürdigen Traum. Ich sitze dabei in einem ganz normalen Raum, der reichlich dunkel wirkt. Es gibt dort nur einen Tisch, zwei Stühle und eine tief heruntergezogene Hängeleuchte. Mein verstorbener Vater sitzt mir gegenüber. Ich unterhalte mich mit ihm über die Probleme des täglichen privaten und beruflichen Lebens, ganz wie wir es zu seinen Lebzeiten oft getan hatten.

Wenn ich dann morgens aufwache, geht es mir deutlich besser. Denn so unglaublich es klingt: Mein Vater hilft mir immer noch bei der Lösung meiner täglichen Probleme, obwohl er nun schon einige Jahre nicht mehr lebt. Mein Vater sieht bei seinen Traumbesuchen exakt so aus, wie ich ihn in leiblicher Erinnerung habe. Er ist weder jünger noch älter, sondern zeigt sich in dem Zustand, der mir vor seinem Tod vertraut war. Auch seine Bekleidung entspricht dem vertrauten Anblick.

Kurz vor dem ersten Traumerlebnis mit meinem verstorbenen Vater hatte ich einen Suizidversuch unternommen. Mein Vater schien darüber sehr empört zu sein und fragte mich, ob ich wohl noch alle Tassen im Schrank hätte? Er hat regelrecht mit mir geschimpft. Ich habe mir das sehr zu Herzen genommen. Bezüglich meiner Weiterbildung zum Kraftverkehrsmeister hat er mich angespornt und wie im richtigen Leben gesagt, ich solle mich auf den Hosenboden setzen und die Schule durchziehen.

Seit ich diese Schulung mache, hat er sich wesentlich seltener in meinen Träumen gemeldet. Ich sehe den Zusammenhang darin, dass er als schwer kriegsbeschädigter Automechaniker immer gerne den Kfz-Meister machen wollte, um eine eigene Autowerkstatt zu eröffnen. Dieses Vorhaben ist jedoch erfolglos geblieben, weil ihn meine Mutter leider nie darin unterstützt hatte.

Nachdem ich mein eigenes Leben jetzt in die gewünschte Richtung gebracht habe, erscheint mein Vater nur noch, wenn ich wichtige Entscheidungen zu fällen habe. Ich brauche seine Traumbesuche regelrecht, weil es mir am Morgen nach einer solchen Erscheinung stets erheblich besser geht als am Tag vorher.[129]

Mag hier ein echter „Kontakt" zu dem verstorbenen Vaters stattgefunden haben oder lebte Nicky Danberg seine Wünsche nur in Träumen aus? Wir können in diesem Beispiel beides nicht ausschließen. Doch wenn die Annahme zutreffen sollte, dass die Seele des Menschen in einem Überraum weiter existiert – quasi in einer mehrdimensionalen Welt –, dann ist es wohl mehr als wahrscheinlich, dass sich die Jenseitigen auch mittels eines Traumes mitteilen können.

Erscheinungen in Krisensituationen

Immer wieder wird von Begegnungen mit den „Geistern" von Menschen berichtet, die sich zum fraglichen Zeitpunkt in einer Krisensituation befanden. Das heißt etwa, dass Menschen, die zum Beispiel gerade im Sterben liegen, zur gleichen Zeit viele Kilometer entfernt einem Freund oder Verwandten erscheinen. Dieses Phänomen, das sich fraglos mit der bereits erwähnten Bilokation überschneidet, ist zumal deshalb so interessant, weil die Zeugen gar nicht wissen können, was in diesem Augenblick gerade tatsächlich mit dem anderen geschieht. Folglich ist auch die Möglichkeit einer Manipulation weitgehend ausgeschlossen. Ein solcher Fall ereignete sich 1936 und wurde von dem

Autor Ernst Meckelburg in seinem Buch *Traum-sprung*[130] beschrieben.

Im Juni 1936 erhielt Dr. John Rowley aus Exeter einen Brief seines alten Freundes Dr. Arthur Sherwood. Sherwood, ein Kollege, der nun in London praktizierte und den Dr. Rowley lange nicht mehr gesehen hatte, kündigte in diesem Schreiben seinen Besuch an und bat darum, am bezeichneten Tag um 10.30 Uhr am Bahnhof abgeholt zu werden. Er werde gern einige Zeit bei seinem Freund bleiben.

Dr. Rowley brach zeitig mit dem Auto auf, um seinen Freund vom Bahnhof abzuholen. Unterwegs traf er an einer Bushaltestelle seinen Freund Francis Grafton, der ins Stadtzentrum fahren wollte. Dr. Rowley nahm ihn mit, wollte jedoch zuerst seinen Freund Sherwood vom Bahnhof abholen, bevor er Grafton an seinem Architekturbüro in der Stadt absetzte.

Noch vor 10.30 Uhr betraten Rowley und Grafton den Bahnhof und begaben sich auf eine Brücke über den Gleisen, um Dr. Sherwood schon von dort aus zu begrüßen. Kurze Zeit später fuhr der Zug ein, und drei Männer und ein Mädchen stiegen aus. Sherwood war wie verabredet darunter. Rowley begrüßte ihn von der Brücke herab, und Sherwood, der seine Reisetasche abgestellt hatte, winkte zurück. Dann verließen Rowley und Grafton eilig die Brücke, um den Ankömmling am Bahnhofsausgang in Empfang zu nehmen. Doch mit dem, was sich dann ereignete, hatten sie nicht gerechnet.

Zwei Männer und das Mädchen passierten den Fahrkartenschalter, an dem man damals noch die entwertete Fahrkarte abgeben musste – von Dr. Sherwood allerdings keine Spur. Dr. Rowley informierte sich beim zuständigen Kontrolleur, ob er bereits durchgekommen sei. Doch der Beamte erwiderte, dass er lediglich das Mädchen und zwei Männer gesehen habe und zeigte zum Beweis die Fahrkarten vor. Rowley und sein Freund Grafton erhielten die Erlaubnis, das Gelände abzusuchen, gaben aber nach einer halben Stunde resigniert auf: Dr. Sherwood war nicht zu finden. Die beiden Männer fuhren verwirrt zurück.

Das Rätsel löste sich zu Hause: Ein Bote überbrachte Rowley ein Telegramm, in dem stand, dass sein Freund Dr. Sherwood auf dem Weg zum Bahnhof in London bei einem schweren Unfall ums Leben gekommen war. Bestürzt ließ sich Dr. Rowley diese Meldung telefonisch bestätigen: Dr. Sherwood war vor Antritt seiner Reise nach Exeter gestorben.

Hatten sich Dr. Rowley und sein Freund Francis Grafton geirrt? Sahen beide ein Phantom oder hatten sie eine Halluzination? Aber selbst wenn Dr. Rowley einen anderen Mann mit seinem Freund aus London verwechselte – und mit ihm Grafton, der Sherwood ja nicht kannte –, erklärt dies doch nicht das Verschwinden des Mannes vom Bahngelände und die Tatsache, dass die Person auf Dr. Rowleys Begrüßung von der Brücke herab eindeutig reagierte.

Francis Grafton war sich so sicher, kein Hirngespinst gesehen zu haben, dass er eine Eidesstattliche Erklärung abgab:

Es war gegen 10.30 Uhr, als ich den Doktor zum Bahnhof begleitete. Die Sonne schien, und die Lichtverhältnisse waren ausgezeichnet. Wir standen auf der Brücke, knapp 15 Meter vom Bahnsteig entfernt, und warteten auf den Zug. Diesem entstiegen mit absoluter Gewißheit vier Reisende – drei Männer und eine Frau. Ich bin mir dessen völlig sicher. Der älteste von ihnen war ein Mann mit einem Bowler-Hut, der einen Koffer trug. Dr. Rowley machte mich auf ihn aufmerksam. Es war der Mann, den er erwartete. Als Dr. Rowley ihm zuwinkte, lächelte der Reisende und erwiderte den Gruß auf die gleiche Weise. Wir begaben uns zur Sperre, die allerdings nur drei Personen passiert hatten. Ich bin sehr skeptisch und glaube nicht an okkulte Dinge. Nichtsdestoweniger fühle ich mich völlig außerstande, diesen Vorfall rational zu erklären. Ich gebe zu, vor einem unlösbaren Rätsel zu stehen.[131]

Eines ist in diesem Fall natürlich nicht auszuschließen: eine bewusste Täuschung durch Dr. Rowley. Auch wenn es eher unwahrscheinlich ist, dass er mit einem unbekannten Dritten eine solche Situation inszenierte, bevor er überhaupt von Dr. Sherwoods Tod wissen konnte, bleibt dennoch ein gewisser Unsicherheitsfaktor. Zudem zeugt es von schlechtem Geschmack, mit dem Tod eines Freundes derlei Scherze zu treiben.

Auch schon früher, nämlich im Jahr 1918, hatte sich ein vergleichbarer Fall zugetragen, von dem Andrew MacKenzie berichtet.[132] Am 7. Dezember 1918 stürzte der britische Militärpilot David McConnel mit seiner Maschine ab. Die Zeit des Absturzes konnte dank seiner um 15.25 Uhr stehen gebliebenen Armbanduhr exakt bestimmt werden – was sich wiederum als wichtiges Indiz für das herausstellte, was McConnels Stubenkamerad Leutnant J. J. Larkin rund 100 Kilometer von der Absturzstelle entfernt in der Kaserne auf seiner Stube erlebte. Er berichtet, dass er sich zwischen 15.15 Uhr und 15.30 Uhr dort aufhielt, als

> sich die Tür mit dem gewöhnlichen Lärm und Klappern, das McConnel immer veranstaltete, öffnete und Larkin einen Gruß hörte: „Hallo, alter Junge!" Er drehte sich in seinem Stuhl um und sah McConnel, den Türknauf in der Hand, auf der Schwelle stehen. Er trug seine volle Fliegermontur und seine Navy-Kappe, ein für ihn eher ungewöhnliches Kleidungsstück. Die beiden jungen Männer tauschten ein paar Sätze aus, [und] McConnel verabschiedete sich mit den Worten: „Also, bis dann." Geräuschvoll schloß er die Tür und ging.[133]

Rund 30 Minuten später rief ein Offizier an, um sich zu informieren, ob McConnel inzwischen von seinem Flug zurück sei, was Larkin natürlich bejahte. Erst gegen Abend erfuhr er jedoch, dass sein Stubenkamerad beim Absturz seiner Maschine ums Leben gekommen war.

Was hier geschehen ist, bleibt ein Rätsel. Wir können eine Verwechslung seitens Larkins mit Sicherheit ausschließen. Ebenso scheint eine Vision bzw. Halluzination eher unwahrscheinlich, da Larkin ja mit seinem Gegenüber sprach.

Larkin war etwa zum Zeitpunkt von McConnels Tod mit diesem Erlebnis konfrontiert, doch wir können nicht sagen, ob die Erscheinung den Raum exakt im Augenblick des Todes betrat. Also ist offen, ob der „Geist" erschien, bevor McConnel starb, oder aber erst danach. Wir haben bereits im zweiten Kapitel gesehen, dass Menschen offenbar in der Lage sind, in extremen Situationen, etwa im Todeskampf oder unter der Folter, ihren Körper zu verlassen. Auch das Phänomen der Verdoppelung wurde bereits erörtert. Vielleicht ist dies die Erklärung dafür, dass besonders aus Zeiten des Krieges ähnliche Begebenheiten berichtet werden?

Ein geradezu unglaubliches Ereignis trug sich 1913 in Paris zu.[134] Im Sommer jenes Jahres schlenderte der junge Maler Jean Lebrun auf der Suche nach geeigneten Motiven durch die Stadt. Auf dem Montmartre traf er auf ein junges Mädchen, das scheinbar verwirrt an einer Laterne lehnte und sehr sonderbar dreinschaute.

Jean Lebrun fasste sich ein Herz und bot ihr seine Hilfe an. Als die junge Dame zu ihm aufsah, erschrak er regelrecht über das geradezu perfekte Gesicht der Frau. Freundlich fragte er sie, ob sie ihm für ein Bild Modell stehen könne, und die Frau willigte ein. Doch sie gab zu bedenken, dass es sicher sehr lange dauern würde, sie aber wahrscheinlich nur diese Nacht Zeit habe. Was morgen sei, wisse sie selbst nicht.

Kurz entschlossen schlug Lebrun vor, sie noch in dieser Nacht in Schwarzweiß zu malen – so würde die Zeit sicher ausreichen. Die Frau willigte ein und folgte ihm wortlos in sein Atelier. Und so malte er die ganze Nacht an dem Porträt der Frau, während sie schweigend dasaß. Auf die Frage, aus welchem Land sie stamme, antwortete sie, dass sie früher einmal Skandinavierin gewesen sei. Lebrun war über diese merkwürdige Antwort erstaunt und meinte, dass sie dann wohl auch heute noch Skandinavierin sein müsse. Doch die schöne Unbekannte entgegnete ihm, dass sie sich nicht genau daran erinnere, wer sie eigentlich sei und woher sie komme. Auch wisse sie nicht, wo sie sich „morgen oder zu einer anderen Zeit in der Zukunft" aufhalten werde.

Bei Anbruch der Dämmerung war die Arbeit beendet und Lebrun mit dem Ergebnis mehr als zufrieden. Die Frau hingegen stand auf und verschwand ohne ein Wort des Abschieds. Lebrun, der ihr nacheilte, um sie um eine weitere Sitzung zu bitten, konnte sie jedoch nicht mehr finden. Sie war verschwunden.

Einige Zeit später kam die Hausverwalterin in Lebruns Atelier, um die fällige Miete einzutreiben. Dabei fiel ihr Blick zufällig auch auf das Porträt der schönen Unbekannten. Die Hausverwalterin erkannte sie sofort. Es war Gretel Pederson: „Sie müssen doch ihr Foto in der Zeitung gesehen haben", meinte sie zu Lebrun. Die junge Frau sei schließlich „des Mordes an ihren Eltern und ihrem Ehemann überführt und hingerichtet" worden.

Lebrun war völlig perplex, denn von diesem Mord und vor allem von der Hinrichtung Gretel Pedersons wusste er nichts. Auch konnte er sich nicht entsinnen, jemals zuvor ihr Bild gesehen zu haben. Am Ende kam er nach reiflicher Überlegung zu dem Schluss, dass er ihr Bild doch einmal flüchtig in der Zeitung gesehen haben musste und in der Nacht, als er das Bild malte, offenbar vollkommen übermüdet war. Das Bild der attraktiven Frau hatte sich seiner Meinung nach in sein

Unterbewusstsein regelrecht „eingebrannt" und kam in ebendieser langen Nacht wieder zum Vorschein.

Doch es wurde noch verwirrender: Kurz darauf, noch am selben Tag, besuchte ihn sein Freund Julian Sant, der berichtete, er habe ein Phantom gesehen. Am gestrigen Abend gegen acht Uhr unweit Lebruns Atelier habe sich eine bildhübsche Frau herumgetrieben, die er von irgendwoher kannte. Er war sich seiner Sache ziemlich sicher gewesen und vermutete, dass sie vor kurzem in der Öffentlichkeit gestanden haben musste. Also habe er an diesem Morgen Nachforschungen angestellt:

> Die Sache ließ mich nicht los. Gespannt blätterte ich in verschiedenen Zeitungsarchiven nach. Dabei stieß ich auf ein Foto von dieser Frau – ich hatte mich nicht getäuscht, es war Gretel Pederson, die man vor einem Jahr zum Tode durch den Strang verurteilt hatte.[135]

Jean Lebrun zeigte seinem Freund wortlos das Bild, das er in der letzten Nacht von der schönen Unbekannten gemalt hatte. Und sein Freund Sant erkannte eindeutig die Frau, die er sah. Nur eines störte ihn, denn sein Phantom habe ein schwarzes Tuch um den Hals getragen, das jedoch auf dem Bild fehlte. Dieses Halstuch hatte sie aber tatsächlich beim Besuch bei Lebrun getragen. Er ließ es nur weg, da es ihm nicht passend für das Porträt erschien.

Ein Ereignis, in dem sich später Fiktion und Fakten vermischten, fand 1705 statt. Ein Jahr später erschien eine Gespenstergeschichte, die, wie sich später herausstellte, aus Daniel Defoes (etwa 1660–1731) Feder stammte. Dieser Mann, der Schöpfer von *Robinson Crusoe*, war einst wegen seiner religiösen Überzeugungen öffentlich an den Pranger gestellt worden.

Seine Geschichte erzählt von Mrs. Bargrave und Mrs. Veal, die im südenglischen Dover lebten und enge Freundinnen waren. Doch als Mrs. Bargrave nach Canterbury zog, verloren beide sich aus den Augen. Zwei Jahre vergingen, in denen die beiden Freundinnen nichts mehr voneinander hörten.

Irgendwann aber besann sich Mrs. Veal auf ihre alte Freundschaft und kündigte der Freundin einen Besuch an, um über die alten Zeiten in Dover zu reden. Die beiden Freundinnen trafen sich tatsächlich und plauderten über ihre gemeinsamen Tage in Dover, über Freud und Leid, über Gesundheit und alle anderen Dinge des Lebens. Als Mrs. Bargrave sich darüber wunderte, dass die Freundin ohne ihren Bruder angereist war (sie hatte epileptische Anfälle), bekam sie die rätselhafte Antwort: „Ach, ich bin meinem Bruder entwischt."

Mrs. Veal trug an diesem Tag ein seidenes Kleid, das so schön und fein war, dass ihre Freundin es immer wieder berühren musste. Mrs. Veal aber fragte ihre Freundin, ob ihr nichts an ihr auffalle – ob sie nicht in den zwei Jahren, in denen sie sich nicht gesehen hatten, arg gealtert sei. Doch Mrs. Bargrave fand, sie sehe so gut wie immer aus.

Mrs. Veal wollte noch gern, bevor sie wieder aufbrach, die Tochter ihrer alten Freundin sehen. Als Mrs. Bargrave das Kind allerdings nicht fand, verabschiedete sich ihre Freundin. Punkt Schlag Mitternacht am Sams-

157

tag, dem 8. September 1705, sah sie zu, wie ihre Freundin um die Ecke bog und verschwand.

Ein nettes Treffen, könnte man denken. Als Mrs. Bargrave jedoch zwei Tage später die Watsons, Verwandte ihrer Freundin, besuchte, erfuhr sie etwas ganz Außergewöhnliches: Mrs. Veal war am vorherigen Freitag verstorben – genau 24 Stunden, bevor sie um Mitternacht angeblich bei ihr war.

Doch Mrs. Bargrave war sich absolut sicher, dass ihre Freundin ihr die Aufwartung gemacht hatte. Aufgeregt beschrieb sie das schöne Seidenkleid der angeblich Verstorbenen. Und tatsächlich, Mrs. Watson kannte es, aber sie war die Einzige, abgesehen von Mrs. Veal. Woher aber Mrs. Bargrave dies wusste, war nicht zu erklären – es sei denn, sie wäre der Verstorbenen doch begegnet.

Im 18. Jahrhundert las man Defoes Erzählung als frei erfundene Schauergeschichte, bei der es sich wohlig gruseln ließ. Doch Literaturwissenschaftler fanden 1955 heraus, dass diese Begegnung mit dem Gespenst tatsächlich echt war. Die Forscher entdeckten Zeitungsberichte aus London, die zwischen November 1705 und März 1706 publiziert wurden. In einer Ausgabe vom 24. Dezember 1705 stand tatsächlich diese Geisterbegegnung in fast allen Details beschrieben. Lediglich die Gespräche der beiden Freundinnen hatte der Schriftsteller Defoe erfunden, doch alle anderen Einzelheiten waren authentisch – vor allem die Beschreibung des Kleides.

Diese Berichte von Begegnungen mit Verstorbenen, bei denen der Zeuge nichts vom Ableben des anderen weiß, sind in der PSI-Forschung allgemein bekannt. Oftmals ist es ein Freund oder ein sehr guter Bekannter, der im Augenblick seines Todes oder auch danach erscheint. Man könnte also annehmen, dass hier emotionale Bindungen eine Rolle spielen. Doch der Fall aus Paris beweist, dass auch fremde Verstorbene „erscheinen" können. Ein weiterer interessanter Fall ist in einem Klassiker der Parapsychologie – *Spuk* – der Forscherin Dr. Fanny Moser zu finden, der erstmals 1950 erschien. Sie berichtet dort von einem Dr. K. aus Prag, der in seinem Haus von sonderbaren Spukphänomenen heimgesucht wurde. Die Mutter des Dr. K. hatte einstmals eine Phantombegegnung gehabt:

Eines Tages mußte sie [die Mutter des Dr. K.] auf der Straße plötzlich ohne erkennbaren Grund an einen alten Bekannten denken. Jahrelang hatte sie nichts von ihm gehört. Er lebte auch gar nicht in Prag. Als sie etwas weiter gegangen war, wer begegnete ihr? Ausgerechnet dieser Bekannte! Er geht an ihr vorüber, lüftet grüßend den Hut und lächelt, ohne stehen zu bleiben oder etwas zu sagen. Über dieses Zusammentreffen war sie höchst überrascht; denn sie wußte nichts von seiner Anwesenheit in der Stadt! [...] Tatsächlich war er aber gar nicht in der Stadt. Das stellte sich gleich heraus, als sie nach Hause kam. Wie sie ihrem Mann von der unerwarteten Begegnung erzählte, nahm er schweigend aus seinem Schreibtisch eine Todesanzeige, die inzwischen eingetroffen war: Die Todesanzeige jenes alten Bekannten![136]

Sollte sich die Zeugin geirrt haben? Immerhin behauptete Dr. K.s Mutter, dass sie den fraglichen Bekannten viele Jahre nicht gesehen hatte. War die von ihr begrüßte Person also gar nicht der Verstorbene, sondern ein Fremder, der ihm nur ähnlich sah? Dann wäre allerdings nicht zu erklären, warum dieser wie ein alter Bekannter zurückgegrüßt haben soll.

Ein anderer, sehr gut dokumentierter und von zahlreichen Zeugen bestätigter Vorfall über einen Besuch aus dem Jenseits wurde von dem berühmten italienischen Priester und Sozialpädagogen Don Bosco (1815–1888) im Jahre 1884 niedergeschrieben. Der heilige Don Bosco pflegte eine innige Freundschaft mit Comollo, mit dem er eines Tages die Abmachung traf, dass derjenige von beiden, der als Erster sterben müsse, dem anderen eine Nachricht von drüben zukommen lassen solle. Tatsächlich starb Comollo am 2. April 1839 mit nur 22 Jahren und sehr viel früher als Don Bosco. Don Bosco erinnerte sich mit 69 Jahren an dieses unheimliche und seltsame Erlebnis, das er im Alter von 24 Jahren hatte:

Auf dieses Gespräch kamen wir öfters zurück, und schließlich gaben wir uns das Versprechen: Wer zuerst sterben würde, solle dem überlebenden Freund Nachricht über den Zustand seiner Seele geben.

Ich kannte nicht die ganze Bedeutung eines solchen Versprechens und gestehe, daß es eine große Unbesonnenheit war. Auch rate ich dringend davon ab. Damals aber fanden wir bei diesem Gelöbnis nichts Bedenkliches und waren gewillt, es zu halten.

Mehrmals hatten wir es erneuert, besonders während der letzten Krankheit Comollos; aber immer unter der Bedingung, daß es Gott erlaube und es ihm wohlgefällig sei. Die letzten Worte Comollos und sein letzter Blick hatten mich der Erfüllung unseres Versprechens versichert [...].

Einige Kameraden wußten darum und erwarteten gespannt, daß das Versprechen nun eingelöst würde. Am erwartungsvollsten war ich, denn ich erhoffte mir davon großen Trost in meiner Trauer.

Es war in der Nacht von dem 3. auf den 4. April, in der Nacht, die auf den Tag des Begräbnisses folgte. Ich ruhte mit zwanzig Schülern vom theologischen Kurs im Schlafsaal [...]. Ich lag zwar im Bett, schlief aber nicht, sondern dachte an unser Versprechen, und mein Herz war im Vorgefühl dessen, was kommen sollte, von Furcht beklommen.

Es schlug Mitternacht. Da hörte ich ein dumpf rollendes Geräusch vom Ende des Ganges her, das immer deutlicher, immer lauter, immer tiefer wurde, je mehr es sich näherte.

Es hörte sich an, wie wenn ein Wagen von vielen Pferden gezogen würde, wie ein Eisenbahnzug, fast wie der Schuß einer Kanone. Den Eindruck kann ich nicht anders wiedergeben, als daß es wie das Krachen von furchtbaren Donnerschlägen an meinem Ohr drang, so daß den Hörer Entsetzen befiel und ihm das Wort im Munde erstarb.

Während sich das Getöse der Türe des Schlafsaales näherte, dröhnten und zitterten Wände, Gewölbe und Boden des Ganges, wie wenn sie von Eisen wären und von einem gewaltigen Arm erschüttert würden [...].

Die Seminaristen im Schlafsaal wachten auf, aber keiner sprach. Ich selbst war vor Furcht wie versteinert. Das Getöse kam immer näher und war immer entsetzenerregender. Es war ganz nahe beim Schlafsaal. Da öffnete sich die Tür ungestüm von selbst, der Schall wurde immer heftiger, ohne daß man etwas anderes wahrnahm als ein mattes Licht von wechselnder Farbe, das den Schall zu regeln schien.

Mit einem Male trat Stille ein, das Licht leuchtete lebhafter auf, und man vernahm deutlich die Stimme Comollos, nur etwas schwächer als zu seinen Lebzeiten, die dreimal hintereinander die Worte sprach:„Bosco, Bosco! Ich bin gerettet!"[137]

Just in dem Moment, in dem die rätselhafte Stimme Don Bosco rief, wurde der Saal in gleißendes Licht getaucht, und das ominöse Getöse begann noch stärker als zuvor den Raum zu erfüllen. Panik brach unter den Anwesenden aus, und sie flüchteten in einem wilden Durcheinander. Einige suchten Zuflucht bei den Präfekten Fiorito von Rivolo und Don Joseph, denn alle hatten das unheimliche Grollen und einige auch die Stimme gehört. So wartete man unruhig bis zum kommenden Morgen.

Don Bosco berichtete weiter, dass er nach diesem, ihn bis aufs Tiefste erschütternde Erlebnis von einer Krankheit heimgesucht wurde, die ihn bis „an den Rand des Grabes brachte" und seine Gesundheit „derart schwächte, daß sie erst nach vielen Jahren ihre frühere Stärke wieder erreichte".

Denkwürdig ist auch, dass der verstorbene Comollo bereits in der Nacht seines Todes im Schlafsaal des Priesters Vercellino von Borgare erschien. Der Priester berichtete, dass er eindeutig Comollo erkannt habe, der ihm mitteilte: „Ich bin soeben verschieden."

162

Don Bosco und auch der Priester Vercellino wurden von dem kürzlich verstorbenen Comollo selbst über sein Leben nach dem Leben unterrichtet. In der parapsychologischen Forschung ist das Phänomen des „Totenpakts" bestens bekannt: Darunter versteht man die Verabredung von Freunden zu Lebezeiten, dass derjenige, der als Erster sterben muss, dem Hinterbliebenen eine Nachricht aus dem Jenseits zukommen lässt. Die berühmte und bereits erwähnte Society for Psychical Research, die bereits 1882 gegründet wurde, hat im Laufe der Jahrzehnte Hunderte von Fällen recherchiert, die mit Geistererscheinungen zu tun haben. Erstaunlicherweise war bei jedem 20. ein solcher Totenpakt im Spiel. Das bedeutet: Jeder 20. dokumentierte Fall der Erscheinung eines Toten war also „Absicht", da mit dem Zeugen eine entsprechende Abmachung bestand.[138]

Zeitliche Schranken spielen dabei ebenso wenig eine Rolle wie räumliche Distanzen. So kommt es vor, dass der Sterbende im Augenblick seines Todes erscheint oder aber erst – quasi in Erinnerung an den Totenpakt – nach vielen Jahren. In seinem Buch *Life and Times of Henry, Lord Brougham, 1871* beschreibt William Brougham ein eigenes „Pakterlebnis":

An der Universität verabredete er mit einem von ihm „G" genannten Freund, dass der Erste von beiden, der sterben würde, dem anderen eine Botschaft aus dem Totenreich zukommen lassen solle. Diesen „Vertrag" unterschrieben sie mit ihrem eigenen Blut: „Wir waren tatsächlich so verrückt", so Lord Brougham. Nach dem Examen verschlug es G nach Indien, und sie verloren sich aus den Augen. Viele Jahre gingen ins Land, und Lord Brougham hatte schon fast seinen Freund und die seltsame Abmachung vergessen.

Dann brach Lord Brougham mit einer Reihe von Freunden zu einer Reise nach Schweden auf. An einem kalten Tag stieg die ganze Gruppe in einer Herberge ab, und der Lord nahm ein wärmendes Bad. Es war der Tag, den er niemals vergessen sollte:

> Ich lag in der Wanne und genoss nach der Kälte [...] die behagliche Wärme. Ich schaute mich um und sah zu dem Stuhl hinüber, auf dem ich meine Kleidung abgelegt hatte, und wollte gerade aus dem Bad steigen. Auf dem Stuhl saß G und sah mich schweigend an. [...] als ich meine Sinne wieder beisammenhatte, lag ich ausgestreckt auf dem Boden. Die Erscheinung [...] Gs war verschwunden. Sie versetzte mir einen solchen Schock, dass ich keine Neigung verspürte, darüber zu sprechen. [...] sie [...] war zu lebendig [...] als dass ich sie hätte vergessen können. Ich war so aufgewühlt [...] dass ich die ganze Begebenheit unter dem Datum des 19. Dezember niederschrieb [...]. Kurze Zeit, nachdem ich nach Edinburgh zurückgekehrt war, kam ein Brief aus Indien, der den Tod Gs mitteilte und bestätigte, dass er am 19. Dezember gestorben war.[139]

Man könnte solche in großer Zahl bekannt gewordenen Berichte mit der Erklärung abtun, dass es sich dabei um „Wunschgedanken" und Projektionen der Zeugen handelt. Wer wünschte sich schließlich nicht, einen lieben Menschen nach seinem Tod noch einmal zu sehen? Dagegen allerdings lässt sich ins Feld führen, dass oft genug auch Menschen – vor allem im Bereich der Tonbandstimmenforschung – durch „übersinnliche Kanäle" solche Informationen von Personen erhalten, die ihnen nicht oder kaum nahe stehen.

Genau ein solches Erlebnis hatte im Jahr 1957 die 21-jährige Betty Graham aus London im Beisein dreier Zeugen. Betty arbeitete zu dieser Zeit als Sekretärin in der Londoner Citybank. Am 7. Juni 1957 betraten gegen 11.30 Uhr zwei griechische Geschäftspartner die Büroräume. Betty führte sie zu ihrem Chef Villiotis, um sich danach wieder ihrer Arbeit an der Schreibmaschine zu widmen.

Doch plötzlich, aus heiterem Himmel, überkam sie ein sonderbares Gefühl, sodass Betty dachte, sie werde jeden Moment ohnmächtig. Von dieser seltsamen Empfindung überrannt, klammerte sie sich an den Schreibtisch – doch schon einen Augenblick später war alles wieder vorbei, und sie fühlte sich „auf eine nie erlebte Art gestärkt". Noch 30 Jahre später erinnerte sich Betty Graham lebhaft an diesen Vormittag im Juni:

Ich stand auf und betrat, ohne anzuklopfen, das Chefzimmer – etwas, das ich mir normalerweise nie zu tun erlaubt hätte. Zu Herrn Villiotis soll ich gesagt haben: „Ich fürchte, daß ich sie auf eine sehr schlechte Nachricht vorbereiten muß." Dann teilte ich ihm mit, daß sein Sohn, ein zwanzigjähriger Ingenieurstudent, bei einen Motorradunfall in Athen ums Leben gekommen sei. Ich beschrieb ihm sogar die Stelle, wo der Unfall stattgefunden hatte, den Straßennamen und das Krankenhaus, in das er eingeliefert worden war.

Villiotis reagierte auf meine Mitteilung nicht so sehr besorgt, sondern eher wütend. Er glaubte offenbar, daß ich ihn auf üble Weise zu erschrecken versuchte. Ich sagte ihm, daß das, was ich ihm übermittelt habe, wahr sei, und daß man meine Informationen bald telefonisch bestätigen werde. Der Dialog fand ausschließlich in griechischer Sprache statt [sic!]. Dann wurde ich wieder fast ohnmächtig. Irgendwie gelang es mir, in mein Büro zurückzufinden, und plötzlich war ich wieder ganz bei mir, war ich wieder ich selbst.

Ich erinnere mich allerdings nicht daran, Griechisch gesprochen zu haben – eine Sprache, die mir völlig unbekannt ist, da ich nie zuvor in Griechenland gewesen bin. Auch habe ich nie etwas über Athen gelesen. Es ist mir völlig unerklärlich, warum ich mich so verhielt. Ich bin auch nur deshalb von der Echtheit des Geschehens überzeugt, weil alle drei Personen, die sich im Büro aufhielten, das gleiche aussagten.[140]

Grahams Chef Villiotis berichtete über diesen denkwürdigen Morgen:

Ihre Augen hatten einen ungewöhnlich glasigen Ausdruck, so als ob sie sich in Trance befände. Hinterher konnte sie sich an nichts mehr erinnern. Sie blieb danach der Arbeit mehre Wochen fern [...].[141]

Was hier geschah, ist eine erstaunliche, aber nicht unbedingt einzigartige Geschichte. Tatsächlich erhielt Villiotis rund eine Stunde nach diesem Ereignis einen Anruf seiner Frau aus Athen, die ihm die traurige

Nachricht vom Tod seines Sohnes überbrachte. Die Umstände des Todes entsprachen exakt den Einzelheiten, die Betty Graham zuvor in ihrem tranceähnlichen Zustand den Anwesenden mitgeteilt hatte.

Der Fall Betty Graham unterscheidet sich grundlegend von anderen Erlebnissen, bei denen der Zeuge den Verstorbenen selbst sehen konnte. Graham sah niemanden, ja, sie konnte sich nicht einmal an das Erlebte erinnern. Sie erhielt ihre Informationen durch einen paranormalen Kanal, der sich scheinbar in einer Art Überwelt „befand". Das heißt, der tödlich verunglückte Sohn ihres Chefs Villiotis überbrachte ihr die Kunde seines Ablebens wohl aus dem Jenseits. Warum der Sohn nicht direkt seinem Vater diese Mitteilung zukommen ließ, ist jedoch nicht zu beantworten.

Das Phänomen der einem Lebenden aus einer solchen jenseitigen Überwelt zugespielten Informationen ist Gegenstand der Transkommunikation. Es ist aber besonders hervorzuheben, dass diese Überwelt nicht an unser Verständnis von Raum und vor allem Zeit gebunden ist. In diesem Jenseits sind Vergangenheit, Gegenwart und Zukunft anscheinend gleichzeitige „Zustände" der Existenz. Es liegt eine Reihe interessanter Berichte vor, nach denen Zeugen Ereignisse sahen oder von ihnen erfuhren, die zu diesem Zeitpunkt entweder schon vergangen waren oder aber noch stattfinden sollten.

Xenoglossie: In fremden Zungen sprechen

Auch die Tatsache, dass Graham in der ihr vollkommen fremden Sprache Griechisch ihre Nachricht überbrachte, ist von Interesse. Dieses Phänomen, dass Zeugen plötzlich Sprachen sprechen oder schreiben, die sie nie gelernt haben, wird in der PSI-Forschung Xenoglossie genannt. In Bettys Fall könnte dies bedeuten, dass irgendjemand aus Athen (der also Griechisch sprach) ihr die Todesnachricht zukommen ließ, oder aber der junge Villiotis selbst.[142] Das Phänomen der Telepathie könnte hier durchaus eine Rolle gespielt haben.

Xenoglossie stellt sicher eines der interessantesten Phänomene dar, mit denen sich die PSI-Forschung befassen muss. Bis heute bereitet sie den Experten nachhaltig Kopfzerbrechen, denn sie ist kaum zu erklären. In der Reinkarnationsforschung ist das Sprechen von fremden Sprachen oder Dialekten sogar sehr oft anzutreffen. Wenn es sich dabei um lebende Sprachen handelt, sind die Mitteilungen leicht zu übersetzen. Doch zu einem nicht unbedeutenden Teil kann das Gesprochene zunächst nicht als bekannte Sprache identifiziert werden. Wortwiederholungen etwa geben jedoch Anlass zu der Annahme, dass es sich hierbei um Botschaften in einer toten Sprache handeln könnte. Zwei Beispiele für Xenoglossie aus dem Forschungsbereich der Reinkarnation sollen dies verdeutlichen.

Bei einer regressiven Hypnosesitzung durch einen „namhaften Hypnotherapeuten" aus den USA, der anonym bleiben will, begann der Patient plötzlich in perfektem Deutsch zu sprechen. Da der Therapeut um eine

Übersetzung bat, schaltete der Proband umgehend auf Englisch um, jedoch mit starkem deutschem Akzent. Er erzählte, dass er im 19. Jahrhundert in Bayern gelebt habe. Seinen Angaben zufolge war er damals ein erfolgloser Komponist.

Und tatsächlich gelang es, im Archiv eines musikwissenschaftlichen Instituts diesen glücklosen deutschen Komponisten nachzuweisen. Des Weiteren ergab die nähere Auseinandersetzung mit dem Lebenslauf des Probanden, dass dieser nie Gelegenheit hatte, die deutsche Sprache zu erlernen. Es gab auch sonst keine Berührungspunkte mit dem Komponisten.[143] Für diesen Fall ist also keine rationale Erklärung zu finden.

Warum die Xenoglossie gerade in der Reinkarnationsforschung von Belang ist, liegt auf der Hand: Denn wer schon einmal gelebt haben will – zumal in einem anderen Land und zu einer anderen Zeit –, sollte doch wohl auch in der Lage sein, die damals gängige Sprache zu sprechen. Und auch in der Transkommunikation – also dem Kontakt mit den Jenseitigen mittels technischer Gerätschaften wie Radio oder Telefon – wurden Fälle von Xenoglossie beobachtet, und ebenso bei Medien, die in Séancen mit einem Verstorbenen aus einem anderen Land geistigen Kontakt aufnahmen. Doch bei all diesen Phänomenen sollte man stets Vorsicht walten lassen: Nur weil man das Gesprochene nicht versteht, muss es nicht wirklich etwas bedeuten. Gerade beim Channelling sitzt man gern Scharlatanen auf, die irgendein Kauderwelsch als „Altägyptisch" oder „Semitisch" deklarieren.

Der Reinkarnationsforscher Dr. Ian Stevenson weiß von einem besonderen Fall von Xenoglossie zu berichten. Denn im Jahr 1955 meldete sich bei Hypnosesitzungen in einer Arztpraxis in Philadelphia durch die Hausfrau T. E. plötzlich ein Mann mit Namen Jensen Jacoby.

Der behandelnde Arzt erkannte, dass die männliche Stimme eindeutig eine skandinavische Sprache sprach und bei englischen Aussagen einen entsprechenden Akzent hatte. Dr. Nils G. Sahlin, einst Direktor am historischen Amerikanisch-Schwedischen Museum in Philadelphia, wurde daraufhin zu einigen dieser Hypnosesitzungen hinzugezogen. Er stellte fest, dass Jensen Jacoby offenbar das moderne Schwedisch verstand, selbst aber in einem sehr altertümlichen Dialekt antwortete. Das Interesse des gebürtigen Schweden war geweckt.

Der sonderbare „Geist" Jensen Jacoby schilderte viele Einzelheiten seines täglichen Lebens in einem kleinen schwedischen Dorf. Jedoch schien er nicht sehr gebildet zu sein, denn von Ereignissen, Personen und Ländern außerhalb seines kleinen Dorfes wusste er nichts oder hatte höchstens einmal davon gehört.

Dr. Sahlin, der vor allem von dem kommunizierten altertümlichen Schwedisch beeindruckt war, wagte ein Experiment, um die Glaubwürdigkeit der ganzen Angelegenheit zu überprüfen. Er lieh sich aus seinem Museum einige Objekte schwedischer Herkunft aus und zeigte sie dem angeblichen Geist Jacobys bei der nächsten Sitzung. Dr. Sahlin notierte später dazu:

Es gab zahllose Hinweise, dass Jensen keinerlei Erfahrungen mit modernen Gegenständen hatte [...]. Auf der anderen Seite war er sofort vertraut mit [...] Dingen, die bis auf das 17. Jahrhundert und die Zeit davor zurückgingen. [...] Jensen [...] verstand zwar modernes Schwedisch [...] ohne Probleme, hatte aber keine modernen Ausdrücke für Gegenstände, die erst aus neuerer Zeit stammten.[144]

Die Gespräche mit Jensen wurden auf Band aufgenommen und später insgesamt zehn Sprachwissenschaftlern zur Analyse vorgelegt. Sie alle kamen zu der Überzeugung, dass die Hausfrau aus dem amerikanischen Philadelphia in einem 300 Jahre alten schwedischen Dialekt sprach. Aus den Gesprächsanalysen schloss man, dass Jacoby im 17. Jahrhundert als Bauer nahe der norwegischen Grenze gelebt hatte.

Solche Xenoglossie-Berichte vermögen vor allem dann zu faszinieren, wenn sie von Sprachexperten verifiziert werden können. Dennoch – auch diese Wissenschaftler haben keine vernünftige Erklärung für derartige Phänomene.

„Wunder" der Technik

Telepathie gehört zum festen Inventar der PSI-Forschung. Dabei werden Gedanken oder Gefühle von Person zu Person übertragen, ohne dass die Sinnesorgane beteiligt wären. Derartige Botschaften werden also nicht über visuelle, akustische oder andere Sinnesreize übermittelt. Eines der spektakulärsten Beispiele für Telepathie und ein wahrer Klassiker der Parapsychologie ist der mysteriöse Absturz des englischen Luftschiffs R 101.[145]

Im Jahre 1924 beschloss die britische Regierung unter dem Luftfahrtminister Lord Thompson of Cardington den Bau einer Reihe von gewaltigen Zeppelinen, um die Vorherrschaft beim Personen- und Gütertransport in der Luft zu erlangen. Als Vorzeigeprojekte waren die Starrluftschiffe R 100 und R 101 geplant, die von der Firma Airship Guarantee Company konstruiert werden sollten. Da man Industriespionage befürchtete, ließen die Verantwortlichen R 101 in Cardington nahe Bedford in einer militärischen Anlage bauen. Allerdings kam es dabei zu Fehlern und Schlampereien, die dem „Stolz der Lüfte" zum Verhängnis werden sollten.

Am Abend des 4. Oktober 1930 schließlich legte das Luftschiff mit 140 Millionen Litern Gas an Bord zu seiner Jungfernfahrt nach Indien ab. Nachdem die Haltetaue gelöst worden waren, sackte R 101 wegen Überladung jedoch durch und konnte nur durch Ablassen großer Wassermengen abgefangen werden. Anschließend glitt es in geringer Höhe über London, Südengland und den Ärmelkanal nach Frankreich hinüber. Im Luftraum über dem Département Oise bei Beauvais in Frankreich kam es dann am Morgen des 5. Oktober 1930 zur Katastrophe. Der einzige Zeuge, Eugène Rabouille, beobachtete, wie das Luftschiff während eines Sturms in etwa 100 Meter Höhe gegen einen Berg prallte, explodierte und auf die Erde herabstürzte.

Alles deutete darauf hin, dass es sich hier um einen schrecklichen Unfall handelte. Schließlich hatte es schon vor dem Start technische Mängel und zu wenige Testfahrten gegeben. Und dennoch rankten sich um den Zeppelin R 101 mysteriöse Gerüchte von paranormalen Ereignissen, die nicht verstummen wollten. So behauptete der „Sherlock-Holmes-Vater" Sir Arthur Conan Doyle (1859–1930) bereits Anfang 1928, dass er während einer Séance eine Warnung aus dem Jenseits vor dem Bau des Luftschiffes erhalten habe – mitgeteilt von Kapitän Walter Hinchcliffe, einem Piloten und Kriegshelden, der von einem Flug über den Atlantik im März 1928 nicht zurückgekehrt war: „Ich muss etwas über das neue Luftschiff[46] sagen. Es wird der Belastung nicht standhalten."

Weiter ordnete der ominöse Kapitän Hinchcliffe an, dass sein Freund und Kriegskamerad Johnston über diese Tatsache informiert werden solle. Staffelführer Johnston war nämlich von der Luftfahrtgesellschaft in Großbritannien zum Navigator für R 101 eingesetzt worden. Doch die Bauherren der R 101 hatten für diese paranormale Warnung aus dem Jenseits wenig übrig und ignorierten sie geflissentlich.

Doch schon zwei Tage nach dem schicksalhaften Absturz über Frankreich trug sich erneut Rätselhaftes zu. Doyle war in der Zwischenzeit verstorben, und so wurde am 7. Oktober 1930 eine Séance mit dem Medium Eileen Garrett abgehalten, um ihn im Jenseits zu kontaktieren. Stattgefunden hatte diese denkwürdige Kontaktaufnahme im National Laboratory of Psychical Research in London durch den berühmten Parapsychologen Harry Price (gest. 1948), einem Freund Doyles. Zweck dieser Séance war übrigens nicht, mehr über den Absturz des Luftschiffs zu erfahren – vielmehr hoffte Price, der Jenseitskontakten gegenüber jedoch immer sehr skeptisch war, eine in einem Totenpakt verabredete Botschaft von seinem verstorbenen Freund Doyle zu erhalten.

Im Verlauf der Séance änderte sich der Trancezustand des Mediums schlagartig, und Mrs. Garrett begann mit der panischen Stimme von Leutnant H. Carmichael Irvin zu sprechen. Irvin, der Kapitän der R 101, war bei dem schrecklichen Absturz zwei Tage zuvor ums Leben gekommen.

Er war offensichtlich von Panik erfüllt, als er folgende „Botschaft" äußerte:

Ich muß etwas dagegen unternehmen ... dieser riesige Flugapparat ist einfach viel zu schwer, eine zu große Last für die Motoren, die es kaum schaffen können. Selbst die Motoren sind zu schwer. Deshalb habe ich so oft besondere Sicherheitsvorkehrungen vorgenommen. Unser Schub ist viel zu gering, der Antrieb ist nur mangelhaft. Kontrollstelle informieren ... neuen Abstieg versuchen? Daran ist nicht zu denken. Ein Triebwerk ist defekt ... die Ölpumpe ist verstopft ... wir fliegen viel zu niedrig und können nicht mehr aufsteigen. Zusatzmotor kann nicht mehr benutzt werden. Die Ladung ist für diesen langen Flug viel zu groß. Die Fluggeschwindigkeit ist mangelhaft und das Schiff schaukelt beängstigend ... hohe Reibung an der Außenhaut ... sie reibt sich aneinander ... etwas scheint mit der Maschine nicht zu stimmen ... ist zu schwer ... wir können nicht steigen ... trotz verzweifelter Versuche erreichen wir nicht die nötige Höhe ... immer kürzere Abstände zwischen den verzweifelten Versuchen, wieder an Höhe zu gewinnen. Niemand kennt das Schiff gut genug. Das Wetter ist für einen langen Flug viel zu schlecht. Die Außenhaut ist vollkommen durchnäßt, und das Schiff senkt seine Nase alarmierend. Es ist unmöglich, wieder hochzukommen. Können absolut nichts tun. Fast die Dächer von Achy gestreift. Halten uns an der Eisenbahnlinie entlang ... Eine Untersuchung, die sie später durchführen werden, wird zeigen, daß die Plane nicht mehr elastisch genug war ... außerdem ist sie viel zu schwer. Das Mittelstück ist völlig falsch angebracht worden ... es ist auch viel zu schwer und hat Übergewicht, was die Maschine bei weitem überfordert ...[147]

Nach dem unvermittelten Ende der „Durchsage" machte sich Verwirrung unter den Anwesenden breit. Niemand konnte sich so recht erklären, was das Medium soeben empfangen hatte.

In der am 8. Oktober 1930 erschienenen *Morning Post* gab der Reporter Ian Coster, der bei der Séance ebenfalls zugegen gewesen war, diese Jenseitsnachricht wieder, die er in Steno mitgeschrieben hatte. Dies las auch Will Charlton, der an der Konstruktion des Luftschiffs R 101 beteiligt gewesen war. Da er großes Interesse an dieser Séance hatte, besorgte er sich von Price die Originalprotokolle der Sitzung.

Will Charlton studierte die gesamten Durchsagen und konnte am Ende rund 40 technisch korrekt wiedergegebene Einzelheiten bestätigen. Wie das Medium Garrett dieses technische Wissen erlangt haben sollte, war nicht nachzuvollziehen – es sei denn, es hätte sich tatsächlich um eine paranormale Nachricht gehandelt.

Charlton war beeindruckt und konsultierte einige weitere Experten, die nicht minder erstaunt über die detaillierten Angaben waren. Nach diesen Untersuchungen sah er sich zu folgendem Resümee veranlasst:

Es scheint eindeutig, daß in dieser Séance Originalinformationen aus der Erfahrung des verstorbenen Kapitäns der R 101, Fliegerleutnant H. Carmichael Irvin, gegeben wurden, so als wäre er persönlich anwesend gewesen. [...] ein erstaunliches Dokument, das mehr als 40 hochtechnische und vertrauliche Einzelheiten darüber enthielt, was an jenem Unglückstag passiert war.[148]

Die seltsamen Botschaften aus dem Jenseits hörten jedoch noch nicht auf. Drei Wochen nach dieser Séance hatte Major Oliver Villiers, ein Pilot, der beim Absturz der R 101 einige Freunde verloren hatte, ein paranormales Erlebnis. Mitten in der Nacht spürte er plötzlich, dass er nicht mehr allein in seinem Zimmer war. Major Villiers war sich sicher, dass sein Freund Carmichael Irvin anwesend war – und richtig, kurz darauf hörte er die „Stimme" des Toten.

Irvin, so die Vermutung des Majors, versuchte Kontakt mit ihm aufzunehmen, was aber aus irgendeinem Grund fehlschlug. Also wurde für den 31. Oktober 1930 ein Treffen mit Eileen Garrett organisiert. Schnell gelang es, über sie mit dem jenseitigen Irvin in Kontakt zu kommen. Dabei entwickelte sich zwischen Irvins „Geist" und Major Villiers ein hoch interessanter Dialog mit technischen Einzelheiten, von denen man bis zu diesem Zeitpunkt nichts gewusst hatte. Beispielsweise schilderte Irvin, dass er einen Tag vor dem Start Schwankungen des Gasdrucks bemerkt und auf ein defektes Ventil zurückgeführt hatte. Bei dieser Séance kam es außerdem zu einem Kontakt mit dem Offizier Scott(ie), der gleichfalls erstaunliche technische Details offenbarte.

Die nach dem Absturz eingesetzte Untersuchungskommission verkündete erst im April 1931, wie es zu der Katastrophe von R 101 gekommen war. Die Ergebnisse der Recherchen entsprachen in allen Punkten den paranormal empfangenen Informationen.

Jahrzehnte später, nach dem Tod des Mediums Garrett 1970, machte sich der Forscher Archie Jarman die Mühe, sämtliche Fakten und aufgezeichneten Übermittlungen noch einmal zu überprüfen. Nach einem halben Jahr intensiver Auseinandersetzung und Analyse der technischen Hintergründe und der Informationen der Séancen kam Jarman zu dem Ergebnis, dass es keine natürliche Erklärung für dieses „Phänomen" gibt. „Meiner Ansicht nach", schrieb er in dem Fachblatt *Psychic News*, „ist es wirklich absurd, anzunehmen, Eileen habe ihre Informationen durch irdische Quellen erhalten."

Anders als im vorliegenden Fall können Medien aber auch Signale von Ereignissen auffangen, die schon viele Jahre zurückliegen. In diesem Zusammenhang besonders erwähnenswert sind die Erlebnisse des Briten Gordon Cosgrave aus London. Im Juni und Juli 1936 empfing er auf seiner Morseanlage immer wieder SOS-Signale der *Titanic*. Man erinnere sich: Der Luxusdampfer war bereits 24 Jahre zuvor gesunken! Auch vor Zeugen trafen die Morsezeichen bei ihm ein. Bis heute ist nicht geklärt, wie Funksprüche über den

Zeitraum von fast 25 Jahren „konserviert" werden können.

Ein weiteres Beispiel dafür, dass Menschen nach ihrem Tod mit ihren Arbeitskollegen in Kontakt traten, wurde von der amerikanischen Fluggesellschaft Eastern Airlines bekannt.

Im Jahr 1973 stürzte die Maschine dieser Fluglinie vom Typ L-1011 TriStar mit der Flugnummer 401 und unter Führung von Kapitän Bob Loft ab und riss rund 100 Menschen mit in den Tod. Seit diesem Unglück aber berichten Eastern-Airlines-Angestellte von sonderbaren Erscheinungen an Bord anderer Maschinen dieses Typs.

Verschiedene Piloten und Besatzungsmitglieder beschwören, an Bord Geister gesehen zu haben, die dem Piloten Loft und dem ebenfalls getöteten Techniker Don Repo ähnlich sahen. Einige Zeugen gaben sogar an, sie seien von den Erscheinungen vor verheerenden Flugfehlern gewarnt worden, die das jeweilige Flugzeug unweigerlich hätten abstürzen lassen. Die Crewmitglieder ließen sich nicht von der Meinung abbringen, dass die beim Absturz getöteten Kollegen Loft und Repo sie hatten „beschützen" wollen. Dazu schrieb 1978 der bekannte PSI-Forscher John G. Fuller in seinem Buch *The Ghost of Flight 401*: „Wenn man daran glaubt, dass Geister in alten Häusern spuken, warum dann nicht auch in Jumbo-Jets?"[149]

Wenn Geister kreativ werden

Verstorbene bitten zum Diktat

In den letzten Jahrzehnten haben Geisterbegegnungen, die mit automatischem Schreiben einhergingen, in den Reihen der PSI-Forschung immer mehr an Beachtung gefunden. Bei diesem Phänomen äußern sich Geister unmittelbar durch das anwesende Medium – und zwar indem sie ihm bei der Niederschrift ihrer zum Teil in fremden Sprachen formulierten Mitteilungen die Hand führen.

Der englische Parapsychologe und Arzt Dr. F. H. Wood wurde mit dem Phänomen des automatischen Schreibens im Jahre 1928 konfrontiert. Damals meldete sich eine Frau bei ihm – er nannte sie offiziell Rosemary –, die ihm mitteilte, dass sie seit etwa einem Jahr seltsame Mitteilungen unbekannter Herkunft empfange.

Dr. Woods Interesse war geweckt, und er begann, mit ihr zu arbeiten. Im Laufe der Zeit kam er, der schon viele Scharlatane überführt hatte, zu der Überzeugung, dass er es hier anscheinend mit realen Phänomenen von automatischem Schreiben und Xenoglossie zu tun hatte. Seine sensationellen Forschungsergebnisse publizierte er in seinem Buch *The Egyptian Miracle*.

Bei einer der Séancen von Rosemary und Dr. Wood kam es zum Parakontakt mit einer Frau, die sich Nona nannte. Nona teilte mit, sie habe in Ägypten gelebt, und zwar zur Zeit des Pharaos Amenophis III. (1402–1364 v. Chr.).

Dr. Wood bat Rosemary, Informationen über das Leben in dieser Zeit von Nona anzufordern und aufzuschreiben. Dies geschah in englischer Sprache. Als Rosemary und Dr. Wood in einer späteren Sitzung erneut einen Kontakt zu Nona herstellen wollten, sprach das Medium plötzlich aber in einer vollkommen fremden Sprache, die Dr. Wood nicht zuordnen und auch nicht verstehen konnte. Nona gab an, dass es Altägyptisch – ihre Muttersprache – sei. Soweit möglich, notierte Dr. Wood in Lautschrift die Worte, die Rosemary formulierte. Dabei kamen in mehreren Jahren rund 5000 Sätze zusammen. Der Ägyptologe Hulme wurde hinzugezogen, der nach einer eingehenden Analyse dieser Texte eindeutig feststellte, dass sie tatsächlich in Altägyptisch abgefasst waren.[150]

Was hier geschah, ist natürlich nicht unumstritten. Da zu jener Zeit das Tonband noch nicht verbreitet war, musste sich Dr. Wood auf sein Gehör verlassen, um Nonas Botschaften festzuhalten. Dabei ist zusätzlich zu bedenken, dass die ägyptische Schrift ausschließlich Konsonanten verwendet, nicht aber Vokale. Auch ist uns diese Sprache bis heute fremd geblieben, denn niemand weiß, wie man Altägyptisch tatsächlich ausspricht. Diesem Problem standen wir ja bereits im ersten Kapitel gegenüber.

Beweiskräftiger als der wohl eher mit Vorsicht zu genießende Fall Rosemary sind Ereignisse, die von der bereits mehrfach erwähnten Society for Psychical Research erforscht wurden. Diese seriöse und anerkannte Gesellschaft, die 1882 gegründet wurde und bis heute besteht, hat es sich zur Aufgabe gemacht, echte PSI-

Phänomene von Schwindel und Scharlatanerie zu unterscheiden.

Die Geschichte, um die es hier gehen soll und die ein Paradebeispiel für eine „Kreuzkorrespondenz" darstellt, nahm ihren Anfang am 12. Januar 1904 in Indien. An diesem Tag erhielt das Schreibmedium Alice Fleming, das unter dem Pseudonym Mrs. Holland tätig war, eine Nachricht aus dem Jenseits. Der „Absender" war Professor Frederic Myers, einstmals Präsident der S.P.R., der im Jahre 1901 gestorben war. Myers übermittelte dem Medium, dass das Jenseits in Wahrheit noch „wundervoller" sei, als er es sich zu Lebzeiten ausgemalt habe. Zur gleichen Zeit erhielt auch das in den USA und Großbritannien arbeitende Medium Leonore Piper eine Botschaft des einstigen S.P.R.-Präsidenten. Myers gab zu verstehen, er wolle ihr seine Identität beweisen. In einer Nachricht an das Schreibmedium Holland gestand Myers, dass er „ganz schwach vor Verlangen" sei, denn: „Wie kann ich mich nur zu erkennen geben?"

In den folgenden Jahrzehnten fand eine der komplexesten Kommunikationen mit dem Jenseits statt, die bisher bekannt geworden sind. Die letzten Nachrichten wurden um 1972 übermittelt. Nicht nur Professor Myers meldete sich nach seinem Tod, sondern auch zahlreiche andere verstorbene Wissenschaftler der S.P.R. So empfing Mrs. Piper am 8. August 1915 eine Mitteilung des 1905 bei einem Handballspiel tödlich verunglückten Dr. Richard Hodgson, die an Sir Oliver Lodge gerichtet war.

Nur kurz nach der Botschaft vom 8. August übermittelte wiederum Myers eine weitere Nachricht über

Piper, die sich scheinbar auf den Tod von Sir Olivers Sohn Raymond bezog. Dieser starb tatsächlich am 14. September 1915. Später meldete sich der tote Raymond selbst über das Medium Piper und berichtete, er habe drüben „Freunde" getroffen. Einer davon sei Professor Myers. Weiter hieß es, dass im Jenseits „Buchtexte vorbereitet" worden seien, die einem Medium vermittelt werden sollten, damit man sie auf Erden verbreiten könne. Die Autoren Inge Dreecken und Walter Schneider vermuten, dass damit auf Sir Oliver Lodge angespielt wurde, der ein Jahr später das Buch *Raymond oder Leben und Tod* publizierte.[151]

Dieses nur verkürzt wiedergegebene Beispiel einer so genannten Kreuzkorrespondenz ist deshalb bedeutend, da sich Geister durch mehrere Medien auf verschiedenen Kontinenten äußerten. Die einzelnen Botschaften bzw. Parainformationen ergaben erst einen Sinn, als man sie in der Zusammenschau las. Die Forscher des S.P.R. mussten also automatisch geschriebene Texte und mediale Berichte von Séancen, die Tausende von Kilometern voneinander entfernt stattfanden, sammeln und korrekt ergänzen. Der Parapsychologe Arthur Ford, der uns an anderer Stelle schon einmal begegnet ist, kam gar zu der Überzeugung, in der Art und Weise der Texte und Aussagen seien versteckte Hinweise enthalten, die typisch für Professor Myers seien und ihn als Urheber erkennen ließen.

Ähnliches wie die Jenseitsnachricht von Professor Myers will auch Violet Wright aus dem britischen Colchester empfangen haben. Sie berichtete:

Nach einer Radiosendung über das Leben nach dem Tode versprach mir mein Mann:„Falls ich vor Dir sterben sollte, werde ich Dir zum Beweis meines Weiterlebens nach dem Tode mit erhobenem rechtem Arm in meiner [...] Uniform erscheinen!" Dazu ist anzumerken, daß seine Hand und sein Arm rechts entsetzliche Brandwunden aufwiesen. Traurigerweise starb mein Mann ein paar Monate später. [...] In der spiritualistischen Kirche von Colchester bekam ich etliche Botschaften, aber eines Tages erhielt ich vom Medium Phillip Story von Norfolk eine ganz besondere:„Ich habe einen Mann in einer RAF-Uniform hier, der seine in Flammen stehende rechte Hand hochhält – oh, mein Gott, mir ist so heiß, ich fühle, wie heiß das Feuer gewesen sein muß!" Das Medium berichtet noch, in welchem Monat sich dies ereignete, und daß mein Mann mir dieses Zeichen versprochen hatte. Später erhielt ich von einem Medium in Sheffield noch einmal die gleiche Botschaft.[152]

Eine ebenso ungewöhnliche Nachricht aus dem Jenseits erhielt Patricia Briggs aus Islington im Norden Londons. Genau 15 Jahre nach dem Tod ihres Partners bat sie ihn im Jenseits, ihr ein Lichtzeichen zu geben, dass es ihm dort gut gehe:

An einem Abend – ich war gerade beim Aufräumen – erschien ein 1,5 Meter breites und 30 Zentimeter hohes Licht an der Wohnzimmerwand. Ich schaltete das elektrische Licht im Wohnzimmer ein und aus und zog die Vorhänge auf und zu, um festzustellen, ob das sonderbare Licht verschwände – aber es blieb bestehen. Daraufhin weckte ich meinen Sohn, damit er das Licht auch begutachten konnte, aber auch er und ein Freund, den ich noch hinzubat, fanden keine Erklärung. Ich schlief in dieser Nacht auf dem Sofa im Wohnzimmer, und das Licht erlosch nach ein paar Stunden.[153]

Während diese Fälle allesamt mit schrecklichen Tragödien und dem Tod von Menschen verknüpft sind, werden in der Parapsychologie aber durchaus auch Erscheinungen untersucht, die positiveren Inhalts sind.

Das beste Beispiel hierfür sind die Erfahrungen des englischen Architekten Frederick Bond mit dem automatischen Schreiben. Bond wurde von der englischen Kirche damit beauftragt, Ausgrabungen an den Ruinen der Abtei von Glastonbury in Somerset durchzuführen.

Diese Abtei war im 5. Jahrhundert vom heiligen Patrick gegründet worden; angeblich ist sie mit der mythischen Insel Avalon identisch. Hier soll auch der legendäre König Artus bestattet sein, und von dort wird er wiederkehren – so eine alte Sage –, um sein Volk in ein neues Goldenes Zeitalter zu führen.

Seit dem 15. Jahrhundert soll man dort den heiligen Josef verehrt und ihm unter Abt Bere zwei Kapellen geweiht haben. Als die englische Kirche im Jahr 1907 für 36 000 Pfund das Gelände erwarb, wusste man schon lange nichts Genaues mehr über die Lage der Kapellen zu sagen. Im Jahre 1539, unter der Herrschaft von König Heinrich VIII., war die Abtei zerstört und nie wieder aufgebaut worden, sodass sie sich nun in einem erschreckenden, ruinösen Zustand befand.

Frederick Bond war aber nicht nur ein begnadeter Architekt, sondern befasste sich nebenbei auch intensiv mit der Parapsychologie. Da allerdings die Kirche sein Auftraggeber war und sein Engagement in diesem Bereich sicher nicht gutheißen würde, hielt er sein „Hobby" streng geheim.

Da die Kirche jedoch die entsprechenden Gelder für die Ausgrabungen noch nicht zur Verfügung hatte, beschloss Bond heimlich, mit dem Schreibmedium John Bartlett spiritistische Sitzungen abzuhalten, um auf diesem Wege das Geheimnis der Abtei zu lüften und später gezielter graben zu können. Am 7. November 1907 trafen sich die beiden in Bristol zur ersten Séance. Dies war der Auftakt zu einer unglaublichen Geschichte.

Die „Technik", wie man das Jenseits zum Sprechen bringen wollte, war im Grunde sehr simpel: Bond legte seinen Finger leicht auf Bartletts Hand, während das Medium sich konzentrierte. Dabei hielt es einen Stift in der Hand, der locker auf einem Blatt ruhte. Dann stellte Bond seine Fragen.

Der Erfolg ließ nicht lange auf sich warten: Es kam eine Antwort von drüben. Auf die Frage „Könnt ihr [Geister] uns irgendetwas über Glastonbury sagen?" begann das Schreibmedium langsam eine Grundrisskarte zu zeichnen. Schnell stellte sich heraus, dass es der Grundriss der Abtei war.

Am östlichen Ende jedoch markierte das Medium ein längliches Rechteck, das Bond nicht einordnen konnte. Er bat um mehr Auskünfte zu diesem Teil der Karte. Bartlett zeichnete daraufhin einen zweiten Grundriss, diesmal nur von jenem östlichen Teil, und schnell erkannte Bond, dass es sich hierbei um eine Kapelle handeln müsse. Auf die Frage nach dem Erbauer dieser unbekannten Kapelle bekam Bond zur Antwort, es sei Abt Bere gewesen.

Weitere Séancen waren ebenso erfolgreich wie die erste, und so konnte Bond im Laufe der Zeit etliche Informationen über die Abtei sammeln. Dann, 1909, stellte die Kirche endlich die erforderlichen Gelder für die Ausgrabungen bereit, sodass die Arbeiten in Angriff genommen werden konnten. Bond grub den Angaben aus der ersten Séance zufolge im Osten der Abtei und fand die erwähnte Kapelle tatsächlich. Doch damit nicht genug: Der „Informant" aus dem Jenseits, der sich als „Ego Johannes Bryant" vorgestellt hatte, hatte auch Angaben zu zwei Türmen ganz in der Nähe der Kapelle gemacht. Auch die Reste dieser Bauwerke konnte Bond freilegen. Niemand hatte damit an dieser Stelle gerechnet. Bonds Geldgeber waren mehr als zufrieden.

Im Geheimen setzte Bond seine spiritistischen Sitzungen mit Bartlett fort, und auch alle weiteren solchermaßen empfangenen Informationen erwiesen sich bei den nachfolgenden Grabungen als zutreffend. So erfuhr Bond zum Beispiel, dass die Decke der einen Kapelle einstmals golden bemalt und verziert gewesen war und man die Fenster in einem untypischen Azurblau gehalten hatte. Die Grabungen erbrachten ebenso Reste goldener Bemalung wie Splitter azurblauer Fenster.

Frederick Bond startete eine beispiellose Karriere. Seine Auftraggeber waren begeistert über seine Erfolge und staunten so manches Mal über seinen „Spürsinn", der ihn offenbar stets an Orten graben ließ, die andere niemals in Erwägung gezogen hätten.

Nachdem sich auch andere paranormale Hinweise, etwa auf Skelette, als korrekt erwiesen hatten, beschloss Bond, mit seiner Geschichte an die Öffentlichkeit zu gehen. So veröffentlichte er 1918 das Buch *The gate of remembrance* (Das Tor zur Erinnerung), in dem er die Quelle seiner sensationellen Grabungserfolge preisgab.

Mit diesem Schritt war allerdings seine glänzende Karriere schlagartig beendet, und auch sein Ruf war dahin. Bond, dessen Leistungen in der Archäologie bis heute viel beachtet sind, wurden die Gelder gestrichen, während man ihm bei seiner Arbeit zugleich alle nur erdenklichen Steine in den Weg zu legen begann. Er wurde dazu „abkommandiert", Fundstücke zu reinigen und zu katalogisieren – bis man ihn 1922 endgültig von den Grabungen in Glastonbury ausschloss.

Auch seine Bücher, darunter Arbeiten, die nichts mit seinen PSI-Aktivitäten zu tun hatten, wurden aus den Regalen genommen. Bond zog sich verbittert zurück, nachdem man ihm gar den Zutritt zur Ausgrabungsstätte verboten hatte. Selbst seine Versuche, über Dritte neue Gelder zu beschaffen und die Ausgrabungen wieder zu beleben, wurden hintertrieben, als die Kirche erfuhr, wer wirklich dahinter steckte. Und all das nur, weil die Kirche seine Art der „Informationsbeschaffung" nicht billigte.[154]

Im vorliegenden Fall handelt es sich um ein ebenso erstaunliches wie gut dokumentiertes Beispiel automatischen Schreibens. Dabei war sich Bond gar keiner „Schuld" oder „unchristlicher Aktivitäten" bewusst – er glaubte selbst nicht, dass er mit Toten kommunizierte, sondern sich vielmehr einer Art „kollektiven Gedächtnisses der Menschheit" bediente, in dem alle Ereignisse aus allen Zeiten gespeichert waren.[155]

Durch automatisches Schreiben kamen bisher nicht nur Texte wie die soeben beschriebenen zustande, sondern auch ganze Bücher, die dem Medium gleichsam „diktiert" wurden. Berühmtheit erlangte vor allem das Parakontakt-Buch, das von einer Wesenheit mit Namen „Seth" handelte und von der Amerikanerin Jane Roberts publiziert wurde.[156] Dies ist die Geschichte dazu:

Jane Roberts aus Elmira im US-Bundesstaat New York setzte sich an einem Abend im September 1963 in ihr Wohnzimmer, um an einigen Gedichten zu arbeiten, die sie geschrieben hatte. Plötzlich und unvermittelt wurde sie aber von einem extrem starken und visionären Gefühl übermannt. Sie fiel in eine tiefe Trance und glaubte, an mehreren Orten zur gleichen Zeit zu sein. Dann hatte sie das Gefühl zu „schweben" und begann – vollkommen unbewusst und unkontrolliert –, Texte niederzuschreiben. Nachdem sie aus ihrer Trance wieder erwacht war, sah sie sich die Texte an, die sie unwillentlich und unwissentlich geschrieben hatte. Sie trugen den Titel *Das physische Universum als Gedankenkonstruktion.*

Jane wusste nicht, wie ihr geschehen war, und vertraute sich ihrem Mann Rob an. In der Folgezeit stellten sie einige spirituelle Experimente mit einem so genannten Ouija-Bord an, einer Art „Brettspiel", das in der populären Esoterikszene weit verbreitet ist. Es handelt sich dabei um ein Brett, auf dem Buchstaben und Zahlen stehen; mittels eines Zeigers, der „übersinnlich" geführt werden soll, wenn man die Hände darauf legt, können sich daraus mehr oder weniger sinnvoll Wörter und Sätze bilden.

Bei diesen Experimenten meldete sich aus dem Jenseits ein Geist mit Namen Seth[157] bei Jane Roberts, und es entwickelte sich allmählich eine Art Freundschaft zwischen den beiden (soweit das zwischen einem Lebenden und einem Toten möglich ist). Der Jenseitige teilte Roberts mit, dass er ihr ein Buch diktieren wolle, dessen erstes Kapitel die heftige Vision einige Zeit zuvor bereits darstellte. Gesagt, getan. Roberts' Mann wohnte den Hunderten Sitzungen bei und schrieb die kommunizierten Aussagen Wort für Wort mit. Da er auch Maler war, fertigte er im Jahre 1968 sogar ein Gemälde von Seth an.[158]

Das Resultat dieser „Kooperation" ist als Seth-Material bekannt geworden und umfasst mehr als 6000 Schreibmaschinenseiten. Sie enthalten ebenso spirituelle Themen wie Gott und Reinkarnation, beschäftigen sich aber auch mit der Kosmologie, den Raumzeit-Thesen und der menschlichen Seele. Und natürlich hatte Seth auch etwas über den Sinn des Lebens und des irdischen Daseins an sich zu sagen.

Jane Roberts war anfangs der Überzeugung, ihr eigenes Unterbewusstsein diktiere ihr diese Texte. Sie konnte nicht glauben, dass sie realen Kontakt mit einem Verstorbenen hatte. Doch je mehr sie niederschrieb, desto komplexer wurden die Schriften, sodass sie letzten Endes zu der Überzeugung kam, dass derartige Informationen nicht aus ihrem eigenen Unterbewusstsein stammten. Dennoch schloss sie nie aus, dass „Seth" in

Wahrheit sie selbst sein könnte. Roberts dachte, sie hätte eine so genannte gespaltene Persönlichkeit (Multiple Personality Discorder, MPD[159]), fand aber nie eine Erklärung dafür, woher sie all dieses Wissen hatte. Auch bescheinigten ihr sämtliche hinzugezogenen Psychologen und Allgemeinmediziner körperliche und geistige Gesundheit.

Tatsächlich wurde eine multiple Persönlichkeit in vielen Fällen als Erklärung für derartige Phänomene herangezogen. Umgekehrt ist nicht auszuschließen, dass eine solche Spaltung auf die Besessenheit von einem oder mehreren „Geistern" zurückzuführen ist. Der Autor und Mediziner Dr. Carl Wickland, ein Pionier der Jenseitsforschung, beschrieb bereits 1924 in seinem Buch *Thirty Years among the Dead*[160] von ihm und seiner Frau untersuchte Fälle, bei denen Menschen offensichtlich von jenseitigen Wesen beeinflusst wurden. Erwähnenswert am Rande ist auch die Tatsache, dass Dr. Wicklands Frau die rätselhafte Gabe der Xenoglossie besaß, also bei Séancen in ihr fremden Sprachen sprechen konnte.

Seths Schriften wurden immer wieder analysiert. Neben Beschreibungen, die scheinbar ganz im Okkultismus verhaftet sind, lassen sich auch Passagen erkennen, die Bezüge zu modernen Erkenntnissen aus der Naturwissenschaft enthalten, etwa aus dem Bereich der Quantenphysik. Professor Raymond van Over von der Columbia-Universität in New York meint gar, dass Teile des Seth-Materials in Zukunft noch von höchster Bedeutung für die Forschung sein könnten. Desgleichen glaubt er entdeckt zu haben, dass Teile des Textes frappierende Ähnlichkeit mit der Archetypenlehre von C. G. Jung aufweisen.

Das Seth-Material, das weltweit in millionenstarker Auflage verkauft wurde und wird, gilt in der Esoterik-szene als „Beweis" für die Authentizität des automatischen Schreibens bzw. von Einflüssen aus dem Jenseits. Doch das ist es in keinem Fall, auch nicht nach Meinung von PSI-Forschern und Parapsychologen, die Seths Botschaften durchaus kritisch betrachten.[161]

Als das Medium Jane Roberts am 5. September 1984 mit 55 Jahren starb, verstummte natürlich auch Seth. Doch 1999 kam erneut ein Buch unter ihrem Namen heraus, das als „letztes Material" gehandelt wurde und vor allem Themen wie Gesundheit und Krankheit behandelt.[162] Da Roberts diese Botschaften in den Tagen vor ihrem Tod empfangen hatte (sie litt an rheumatischer Polyarthritis), verwundert dies nicht sonderlich. Diese Publikation enthält auch eine Reihe von Tagebucheinträgen ihres Mannes. Somit ist das Material um Seth nunmehr „vollständig".

Trotz seines „Vorzeigecharakters" ist Seth nur ein Beispiel für eine ganze Reihe von sehr sonderbaren, „automatischen" Signalen und Inspirationen aus dem Jenseits. So arbeitete etwa der berühmte Charles Dickens (1812–1870) im Sommer 1870 in der Abgeschiedenheit seines Landhauses Gadshill Place an der Erzählung *Das Geheimnis des Edwin Drood*. Doch es kam nie zu einer Vollendung des Buches, denn kurze Zeit später, am 8. Juli, starb Dickens an einer Hirnblutung. Der Roman kam nie über das Anfangsstadium hinaus.

Im Jahre 1872 jedoch erhielt der Handwerker T. P. James aus Brattelborg im US-Bundesstaat Vermont mehrfach paranormale Mitteilungen des verstorbenen Dickens. Um Weihnachten bemerkte James plötzlich, dass er automatisch schreiben konnte. Anscheinend diktierte ihm der tote Schriftsteller Texte aus dem Jenseits. Dieser Parakontakt hielt bis Juni 1873 an, denn immer wieder „meldete" sich der Geist von Dickens über die Feder von James.

Da merkte James, dass er die fragmentarische Erzählung *Das Geheimnis des Edwin Drood* zu Ende geschrieben hatte. James legte das Manuskript einer Reihe von Fachleuten zur Prüfung vor. Ausnahmslos alle waren der Meinung, dass Orthographie, Stil und Struktur exakt der Schreibweise von Charles Dickens entsprachen. Und so erschien das Buch im Jahre 1874 mit dem Zusatz „von Charles Dickens, Brattelborg, veröffentlicht durch J. P. James 1874".

Einer der bekanntesten Parakontakte, die mit automatischem Schreiben verbunden waren, begann im Jahr 1916. Die damals 33-jährige Mrs. Curran aus Mount City saß abends über einem Brief, den sie schreiben wollte. Doch irgendwie fehlten ihr die Ideen, und so grübelte sie einige Zeit über dem Papier. Plötzlich jedoch fiel sie in eine Art Trance und begann zu schreiben. Ohne zu zögern und ohne Hast schien ihr Stift über das Papier zu gleiten. Heraus kam das erste Kapitel eines Buches, für das eine gewisse (verstorbene) Patience Worth verantwortlich zeichnete, wie sie Mrs. Curran mitteilte.

Die verstorbene Worth gab an, dass sie 1650 im englischen Dorsetshire geboren worden und dann nach

Nordamerika ausgewandert sei. Dort, im Westen, kam sie dann als Siedlersfrau bei einem Kampf mit einem Indianer ums Leben. Tatsächlich stellte sich heraus, dass einige der genannten Fakten historisch zu belegen waren.

Im Laufe von 20 Jahren entstanden durch automatisches Schreiben, anfangs auch durch das Ouija-Bord fünf Romane und 600 Gedichte, die teilweise sogar ausgezeichnet wurden. Mrs. Curran gab an, dass sie die Szenen, die sie niederschreiben würde, zunächst wie in einem Film vor ihrem geistigen Auge sehe. Sie müsse das Gesehene dann nur noch in Worte fassen, wobei sie im Nachhinein nie auch nur ein Wort änderte. Teilweise schrieb sie auf diese Weise bis zu 1700 Wörter in der Stunde nieder – und zwar allesamt in Altenglisch.

Zahlreiche PSI-Forscher und auch Sprachwissenschaftler interessierten sich für diesen erstaunlichen Parakontakt mit der Patience Worth aus dem Jenseits. Der Psychologe Dr. Charles E. Cory befragte Curran ausführlich und kam zu dem Ergebnis, dass sie unmöglich die Urheberin eines so bedeutenden Romans wie *The Sorry Tale* (in dem das Leiden Jesu geschildert wird) sein könne. Curran verfügte nach Dr. Corys Ansicht nicht über die Fähigkeiten, in altenglischer Sprache derartige literarische Leistungen zu vollbringen. Außerdem war sie noch nie in England gewesen, wo ihre Erzählungen ja spielten.

Die Fachwelt war indes über die Leistungen des Schreibmediums Curran gleichermaßen erstaunt wie begeistert. In der mittelalterlichen Verserzählung *Telka* benutzte sie zum Beispiel nicht ein Wort, das erst nach dem 17. Jahrhundert aufkam, und *The Sorry Tale* wurde als „die größte Darstellung aus dem Leben und der Epoche Christi, die seit der Apostelgeschichte aufgezeichnet wurde", gelobt. Und der *New York Mirror* sah in dieser Publikation sogar ein „literarisches Meisterwerk".[163]

Doch Curran war nicht die Einzige, die literarische Erfolge dank der „Einflüsterungen" einer Wesenheit aus dem Jenseits feierte. Auch das Schreibmedium Geraldine Cummins aus Cork in Irland begann in Trance und „aus heiterem Himmel" automatisch zu schreiben und verfasste so eine Trilogie, die sich in erstaunlicher Form mit der Frühgeschichte Jesu befasst und als Fortsetzung der Apostelgeschichte angesehen werden kann. Die Bücher *Die Schriften von Kleophas*, *Paulus in Athen* und *Die großen Tage von Ephesus* wurden dem Medium Cummins angeblich von einem Verstorbenen namens Kleophas aus dem Jenseits diktiert.

Eines Tages änderte Cummins ihren Schreibstil. Es stellte sich heraus, dass es nun offenbar Dr. Frederic William Henry Myers – jener Gründer der S.P.R., der schon bei der Kreuzkorrespondenz erwähnt wurde – war, der ihr die Feder führte.

Malerei aus dem Jenseits

Nicht weniger umstritten als das automatische Schreiben ist das PSI-Phänomen der automatischen Malerei. Umstände und „Techniken" sind hier erwartungsgemäß sehr ähnlich gelagert.

So behauptet etwa der Brite Matthew Manning, beim Malen seiner Bilder Hilfe aus dem Jenseits in Anspruch zu nehmen – und zwar von keinem Geringeren als Pablo Picasso höchstselbst. Drei Monate nach dem Tod Pablo Picassos im April 1973 empfing Manning zum ersten Mal Botschaften von Picasso. Seitdem spürt er, dass er bei seinen Malereien von dem Malergenie gesteuert wird. Dabei fällt er jedoch nicht in Trance, sondern ist sich während seiner Arbeit immer seiner selbst bewusst. Die Gemälde, die ihm auf diese Weise von Picasso eingegeben wurden, tragen unverkennbar dessen Handschrift.

Manning fertigt aber nicht nur Gemälde von Picasso an, sondern berichtet auch, dass er mit einer ganzen Reihe anderer toter Künstler in Verbindung stehe. Einige seiner Bilder tragen sogar die Signaturen der jeweiligen verstorbenen Urheber und ähneln zum Teil frappierend real existierenden Bildern jener Maler.

Besonders interessant ist es, dass beim automatischen Malen die entsprechenden Kunstwerke, ebenso wie die Texte beim automatischen Schreiben, in enorm kurzer Zeit entstehen. Manning konnte beispielsweise in einer oder zwei Stunden eine Arbeit vollenden, wofür er sonst sicher Tage benötigt hätte. Und das – obwohl Manning keine Skizzen anfertigte.[164]

Geradezu eine Sensation präsentierte der automatische Maler und Psychologe Luiz Gasparetto aus Brasilien im März 1978 einem Millionenpublikum in der Sendung „Nationwide" auf BBC.

Nachdem sich selbst Gasparetto in einen tranceähnlichen Zustand versetzt hatte, malte er in nur 75 Minuten 21 Gemälde im Stil von Malergrößen wie Renoir oder Picasso. Und damit nicht genug: Während des Malens standen die Bilder auf dem Kopf, und Gasparetto arbeitete gar mit beiden Händen an zwei Bildern gleichzeitig. Die Geschwindigkeit, die er dabei an den Tag legte, ließ viele Zuschauer glauben, die Sendung sei im Zeitraffer ausgestrahlt worden. Doch die BBC bewies, dass alles seine Richtigkeit hatte.

Gasparetto erklärte, dass helle Licht der Studioscheinwerfer habe ihn sehr mitgenommen, da er normalerweise im Dunkeln arbeite. Wenn er in Trance falle, nehme er Kontakt zu allen verstorbenen Künstlern auf, die „sich melden" und ihn bei seiner Arbeit an den Bildern führen.[165] Genau wie Manning gibt auch er an, dass Picasso bei seinen jenseitigen Übermittlungen zuweilen sehr heftig werde. Im Unterschied zu Manning ist der Brasilianer jedoch nicht in der Lage, außerhalb seiner Trancezustände zu malen.

Eines der frühesten Beispiele für paranormales Malen stammt aus dem Jahr 1905.[166] Der in England als Goldschmied arbeitende Frederic L. Thompson verspürte damals plötzlich den Drang, Bilder zu malen. Er selbst konnte es sich nicht erklären, denn er hatte sich noch nie für Malerei interessiert oder gar selbst mit dem Pinsel hantiert.

Und dann, ohne ersichtliche Ursache, sah Thompson unversehens Landschaften vor seinem geistigen Auge erstehen, die ihm vollkommen fremd waren und die er auch nicht von irgendwelchen Bildern her kannte. Als er begann, diese Szenen zu malen, stellte er überrascht fest, dass er großes Talent hatte, denn seine Arbeiten gelangen auf Anhieb in ausgezeichneter Weise.

Rund ein Jahr nach Beginn seines zwanghaften Malens besuchte Thompson die Ausstellung des amerikanischen Malers Robert Swain Gifford, der geraume Zeit zuvor im Alter von 65 Jahren verstorben war. Thompson jedoch betrachtete die Bilder des ihn vollkommen unbekannten Künstlers mit Erstaunen und spürte, dass er dazu berufen war, sein Werk fortzusetzen. Nun begann er fast schon besessen, seiner Malerei nachzugehen. Er malte Landschaften und Gegenden, die ihm so fremd waren, dass er nicht einmal sagen konnte, woher er die Ideen für diese Motive hatte.

Nach einiger Zeit wurden Kunstexperten auf die Arbeiten Thompsons aufmerksam. Erstaunt stellten die Fachleute fest, dass er sich nicht nur desselben Malstils wie der verstorbene Gifford bediente, sondern auch Landschaften malte, die dem toten Maler sehr am Herzen gelegen waren: Hierbei handelte es sich um Gegenden im nördlichen Afrika, die Thompson nie mit eigenen Augen gesehen hatte. Noch erstaunlicher war die Tatsache, dass Gifford einige dieser Motive selbst malte und für ein Album abfotografierte. Dieses Album aber hatte nie das Haus Giffords verlassen, sodass Thompson es auch nicht kennen konnte.

Was mag hier vorgegangen sein? Thompson erwähnte nie, dass er in einer Art Trance seine Bilder male. Er sprach auch nicht davon, dass er mit dem Geist des Künstlers in Kontakt stehe. Und er glaubte wohl auch selbst nicht, dass er von dem toten Gifford gelenkt werde.

Es wird nicht weiter verwundern, dass das, was in Literatur und Malerei möglich ist, auch in der Musik begegnet: So gilt auch das automatische Komponieren als Phänomen der PSI-Forschung. Als Paradebeispiel werden hier die Werke betrachtet, die die Britin Rosemary Brown Mitte der sechziger Jahre aufs Notenpapier brachte.[167]

Brown lebte im Londoner Stadtviertel Balham in recht bescheidenen Verhältnissen. Als sie sieben Jahre alt war, nahm sie eine Zeit lang Klavierunterricht, den sie jedoch mangels Begabung schnell wieder abbrach. In diesen jungen Jahren träumte Rosemary Brown eines Nachts von einem Mann, der ihr mitteilte, dass er ihr in späteren Jahren einmal die Musik näher bringen werde. Diesen Traum nahm das Mädchen jedoch nicht weiter ernst.

Der Fall Brown wurde eingehend von Professor Dr. W. H. C. Tenhaeff, einem namhaften Parapsychologen aus Großbritannien, untersucht und dokumentiert. Er und Rosemary kamen später zu dem Schluss, dass jener Mann aus dem Traum von einst der Komponist Franz Liszt (1811–1886) gewesen war.

1964, mit etwa 50 Jahren, machte Brown schließlich die erste unheimliche Erfahrung. Aus einer Laune heraus setzte sie sich an ihr altes, praktisch unbenutztes Klavier im Wohnzimmer und klimperte ein wenig auf den Tasten herum.

Doch plötzlich stellte Rosemary voller Verwunderung fest, dass ihre Finger begannen, im wahrsten Sinne des Wortes wie von Geisterhand angeleitet über die Tasten zu gleiten. Sie wurde von dem Gefühl überwältigt, dass ein anderes Wesen die Kontrolle über ihre Hände übernommen habe. Da wurde ihr klar, dass der Komponist Liszt aus ihrem Traum „sein Versprechen gehalten hatte und zurückgekehrt war".

Später kamen Brown sogar Musikkompositionen in den Sinn, die sie unter größten Mühen in Noten festzuhalten versuchte. Auch vernahm sie im Laufe der Zeit zahlreiche „Stimmen" in ihrem Kopf. Sie hielt sie für andere verstorbene Musiker, darunter Bach, Brahms, Chopin, Beethoven, Debussy, Grieg und auch Schumann.

Rosemary Brown war über ihr paranormales Können ebenso erfreut wie entsetzt und vermied es, ihr „neues" Talent an die Öffentlichkeit zu tragen. Aus der durchaus berechtigen Furcht heraus, man könne sie für verrückt halten, vertraute sie sich nur wenigen engen Freunden an.

Irgendwann erfuhr der Musikhistoriker Sir George Trevelyan, Direktor eines College in Addingham Park, aber doch von den merkwürdigen Vorgängen im Hause Brown und organisierte ein Treffen zwischen Rosemary und dem Ehepaar Firth. Die Firths, beides anerkannte Musikwissenschaftler aus Großbritannien, zeigten großes Interesse an Mrs. Brown. Auch Sir Trevelyan war von ihren Leistungen beeindruckt, die er als „etwas Niedagewesenes, Einmaliges" beschrieb.

Mary Firth begann mit einem sehr einfachen Test, den sie auch bei ihren unerfahrensten Musikschülern anwandte. Doch zu ihrem maßlosen Erstaunen war Rosemary Brown nicht einmal in der Lage, die einfachsten Musikstücke zu spielen. Ebenso unmöglich war es ihr, selbst die leichtesten Melodien, die man ihr vorspielte, zu notieren.

Nun wandte sich Mrs. Firth mit Unterstützung anderer Musikexperten den inzwischen über 400 Musikstücken zu, die Mrs. Brown in rund sechs Jahren mit paranormaler Hilfe niedergeschrieben hatte. Alle waren der Überzeugung, dass es keine simplen Nachahmungen bekannter Künstler waren, sondern eigenständige Stücke, die dem Stil des jeweiligen Komponisten entsprachen. Richard Rodney Bennet, seines Zeichens selbst Komponist, bemerkte:

> Wir alle können zwar ein bißchen Debussy auf dem Klavier imitieren, wenn man es von uns verlangt. Aber das ist etwas ganz anderes, als ein zusammenhängendes Musikstück zu komponieren, das völlig den Stempel des betreffenden Meisters trägt. [...]
>
> Viele Menschen können improvisieren, aber es gehört eine jahrelange Übung dazu, einen Komponisten so nachzuahmen, wie sie spontan und auf der Stelle eine Komposition zustande bringt [...]. Ich selbst hätte einige der Rosemary-Brown-Beethoven-Stücke nicht erfinden können.[168]

Angesichts von Rosemary Browns außerordentlichen Leistungen und Erlebnissen einfach nur von Inspiration zu sprechen, wird dem hier vorliegenden Phänomen wohl nicht gerecht. Zwar will niemand abstreiten, dass Künstler wie Musiker, Autoren oder Maler durch die verschiedensten Dinge und Situationen inspiriert wer-

200

den, doch diese „natürliche" Erklärung scheidet hier sicher aus. Eine Inspiration zu einem Musikstück setzt voraus, dass der jeweilige Inspirierte auch in diesem Bereich tätig ist. Bei Mrs. Brown aber war dies nicht der Fall, sie war keine Komponistin und beherrschte lediglich die elementarsten Grundbegriffe des Klavierspiels.

Im Januar 1972 hatte Mrs. Brown laut eines Artikels der Fernsehzeitschrift *Hörzu* ganz besondere Gäste zu Besuch: den Schlagerstar und Komponisten Udo Jürgens mit einem Kamerateam des Senders ZDF unter Peter Behle – damals Redakteur der Sendung „Wünsch dir was".[169]

Während die Techniker ihre Kameras und Scheinwerfer aufstellten, tranken Jürgens und Brown Tee. Dabei teilte das Medium Jürgens mit, dass es für den Geist des Komponisten Franz Schubert eine Ehre sei, für einen so bekannten Schlagersänger ein Lied zu schreiben.

Nachdem sich Mrs. Brown an ihr Klavier vor dem Bildnis des Meisters gesetzt hatte, begann sie sich zu entspannen. Dann kam es angeblich zum Kontakt, denn Mrs. Brown gab an, den Komponisten im Zimmer stehen zu sehen. Er gab ihr die Melodie ein, und sie spielte sie auf dem Klavier nach. Jürgens summte mit und meinte am Ende, dass das Lied tatsächlich „ganz im Stile Schuberts" sei. Leider ist nicht bekannt geworden, welchen der Jürgens-Songs Franz Schubert komponiert hat.

Das esoterische Magazin *Zeitgeist* berichtet Anfang 1998 von einem Medium namens Aulikki Plaami aus Finnland, das heute in den USA lebe und enorme Leistungen zeige.[170] Angefangen habe alles bei einem Autounfall, von dessen Spätfolgen Aulikki sich nie ganz erholte. Deshalb suchte sie Zuflucht bei alternativen Heilmethoden und lernte so ihren späteren Mann Seppo kennen, der als „Heiler" arbeitet. Bei einer Sitzung, bei der auch einige Medien anwesend waren, fiel Aulikki Plaami plötzlich in Trance und konnte fortan zahlreiche Musikstücke singen – in mehreren Sprachen und zahlreichen verschiedenen Stilrichtungen.

In einem Interview mit dem Magazin *Zeitgeist*[171] gab das Musikmedium an, dass es mit über 100 verschiedenen toten Komponisten in geistiger Verbindung stehe. Das Ehepaar Plaami ist angeblich so „sensitiv", dass beide diese Lieder empfangen können. Inzwischen verfügen sie über eine Sammlung von 900 Liedern (400 stammen aus dem Jenseits), die von Pop über Arien bis zum Jodeln reichen. Künstler wie Marilyn Monroe, Elvis oder Louis Armstrong „senden" durch diese Frau nach eigenen Angaben ihre Lieder und Kompositionen aus dem Jenseits – in inzwischen 15 Sprachen. In dem Interview sagte das Paar aus, dass dies die Kernbotschaft ihres Schaffens sei: „Es gibt keinen Tod."

Zum Schluss

Das Phänomen, durch paranormale bzw. mediale Kontakte Botschaften von den Toten zu empfangen, ist so alt wie die Menschheit. Fast alle Völker und Kulturen haben versucht, durch Trance oder Drogen Kontakt mit den toten Ahnen aufzunehmen – und sie tun es zum Teil noch heute.

Doch unser Informationszeitalter hat sich auch auf die Jenseitskontakte ausgewirkt. So unternehmen PSI-Forscher seit Jahrzehnten alle erdenklichen Anstrengungen, um mittels technischer Errungenschaften Kontakt mit den Toten aufzunehmen. Doch wie so oft, wenn man versucht, erstaunliche „Zufallstreffer" willentlich zu wiederholen, waren derlei Experimente bislang von mäßigem Erfolg gekrönt. So viel steht offenbar fest: Die Toten lassen sich eben nicht zwingen. Sie schenken ihre Gunst nur Auserwählten – und nach Kriterien, die unser beschränktes irdisches Bewusstsein offenbar noch lange nicht wird fassen können.

Anhang

Nahtoderfahrungen: Halluzinationen oder reale Erlebnisse?

Noch immer tut sich die Wissenschaft recht schwer damit, Nahtoderfahrungen als reale Phänomene an der Schwelle zwischen Leben und Tod zu akzeptieren. Vor allem die Medizin versucht zum Teil recht einseitig, derartige Erlebnisse mit neuronalen „Aussetzern" und stoffwechselbedingten Halluzinationen des Gehirns zu erklären. Für persönliche spirituelle Grenzerfahrungen bleibt da wenig Spielraum.

Aus diesem Grunde ist eine sachliche Diskussion angezeigt, die sich mit den Einwänden gegen die Existenz von NTEs auseinander setzt. Denn immerhin dürfen die Argumente der Medizin nicht einfach damit abgetan werden, dass die Ereignisse nach dem klinischen Tod nicht mehr in ihren Zuständigkeitsbereich fallen, sondern Domäne spirituellen oder religiösen Erlebens sind.

Sehen wir uns im Folgenden die kritischen Einwände der Mediziner an:

1. Einwand: NTEs sind nichts weiter als Halluzinationen, die durch einen Sauerstoffmangel im Gehirn verursacht werden. Da alle menschlichen Gehirne nach demselben Bauplan konstruiert sind, ähneln sich auch die Schilderungen von NTEs.

Bei NTEs liegt nachweislich kein signifikanter Sauerstoffmangel vor. Im Gegenteil: Durch die Herzmassage

– zentraler Bestandteil der Wiederbelebungsmaßnahmen und Voraussetzung für die Rückkehr des Patienten – während einer Reanimation wird stoßweise auch mehr Blut ins Gehirn gepumpt. Es ist das Ziel einer Massage des Herzens, dem Gehirn auch weiterhin Sauerstoff zuzuführen, obwohl das Herz bereits aufgehört hat zu schlagen.

Der NTE-Forscher Dr. Melvin Morse suchte in den Krankenakten von NT-Erfahrenen nach Hinweisen, ob während ihres Erlebnisses ein Mangel an Sauerstoff auftrat. Dabei stellte sich heraus, dass keiner der Betroffenen mehr darunter litt als eine Kontrollgruppe, die keine NTE hatte.

Auch Dr. Michael B. Sabom aus Boston wies darauf hin, dass Sauerstoffmangel nicht die Ursache sein kann. Bei einer seiner Patientinnen maß er exakt in dem Augenblick, als die Frau eine NTE hatte, die Sauerstoffsättigung des Blutes und wies nach, dass diese sogar etwas erhöht war. Den genauen Zeitpunkt ihrer NTE konnte Dr. Sabom dadurch bestimmen, dass er ihre Schilderungen mit den Abläufen während der Behandlung verglich.[172]

2. Einwand: NTEs sind nichts weiter als ein moderner Mythos, ausgelöst durch zahlreiche Medienberichte und diverse andere Quellen. Versucht man aber dem Thema nachzugehen, so lösen sich die angeblich so zahlreichen Fälle in Luft auf.

Dieses – auch aus der UFO-Forschung bekannte – „Argument" wird sehr häufig von der kritischen Seite vorgetragen. Doch es ist schlicht falsch.

So zum Beispiel stellte der Meinungsforscher George Gallupe in einer Umfrage fest, dass etwa acht Millionen US-Amerikaner eine NTE erlebt haben wollen. Michael Schröter-Kunhardt berichtete darüber 1993 auf einer Tagung der Society of Scientific Exploration in München.[173] Dies entspricht etwa jedem dreißigsten Bürger. Ferner ermittelte Gallupe, dass 26 Prozent von einer OBE, aber nur neun Prozent von dem typischen Tunnel berichteten.

„Mundpropaganda" jedoch schildert fast immer auch diesen Tunneleffekt.[174] Auch von den NTE-Forschern wie Dr. Moody, Dr. Morse, Dr. Karlis Osis und Erlendur Haraldsson wurden zahlreiche systematische Untersuchungen durchgeführt, die das Gegenteil belegen. Ebenso gab das Evergreen State College in Olympia, Washington, die so genannte Evergreen-Studie heraus, die dieses Argument ebenfalls entkräftet.

3. Einwand: Die Beschreibungen von NT-Erfahrenen weisen große Ähnlichkeiten mit den „Visionen" auf, die man auch unter Drogeneinfluss erlebt.

Dies entspricht den Tatsachen. Wenn man, wie beispielsweise Dr. Ron Siegel von der University of California, die komplexen Ereignisse im Drogenrausch in einzelne Elemente zerlegt, erhält man in der Tat Beschreibungen aus der Welt der NTEs. Dazu zählt vor allem der Tunnel.

Doch die Forschungen von Dr. Melvin Morse haben eindeutig gezeigt, dass sich NTEs schlussendlich doch erheblich von Drogenhalluzinationen unterscheiden. Man muss beide Erfahrungen jeweils im Gesamtkontext sehen, um sie analysieren zu können. Dabei zeigte Dr. Morse, dass sich die anfänglichen Ähnlichkeiten in nichts auflösen und zum Teil sogar als vollkommen unterschiedlich entpuppen. Am besten lässt sich diese Erkenntnis mit dem angeblichen Zusammenhang zwischen der Bibel und dem Roman *Moby Dick* von Herman Melville vergleichen: Beiden Werken sagt man eine Ähnlichkeit nach, da einzelne Wörter und sogar Wortpassagen übereinstimmen – blickt man aber auf das Gesamtbild, so wird diese Entsprechung plötzlich völlig irrelevant.[175]

4. Einwand: Erfahrungen am Rande zum Tod lassen sich auf die medikamentöse Wirkung von Arzneimitteln zurückführen, die den Patienten verabreicht wurden.

Auch hier sei wieder auf Dr. Morse hingewiesen, der sich bei seinen Studien 1986 besonders auch mit diesem Aspekt auseinander setzte. Seine Untersuchungen führte er mit Kindern durch, da er der Überzeugung ist, dass Kinder als „neutrale" Probanden sehr gut geeignet sind. Dr. Morse sichtete die Krankenakten der Kinder und hielt exakt deren Krankheitsbild fest. Er notierte genau die Medikamentengabe, die Sauerstoffsättigung des Blutes sowie Art und Menge der Narkotika, die man den Kindern verabreicht hatte.

Bei seiner Studie mit einer Testgruppe und einer Kontrollgruppe – die Probanden beider Gruppen waren etwa im gleichen Alter – ergab sich eindeutig *kein* Zusammenhang zwischen dem Auftreten von NTEs und der Gabe von Medikamenten. So konnte Dr. Morse nachweisen, dass Patienten mit NTEs keine Mittel verabreicht worden waren, die Halluzinationen auslösen können. Kinder aus der Kontrollgruppe, die Medikamente und Narkotika wie Morphium, Valium, Thorazin, Dilantin, Mannit, Kodein und Phenylethylbaritursäure erhalten hatten, berichteten hingegen nicht von einer NTE.[176]

Auch muss man bedenken, dass zahlreiche NTEs noch vor einer ärztlichen Behandlung stattfinden, so etwa bei Unfällen oder Verbrechen. Selbst bei der nachfolgenden Behandlung müssen nicht unbedingt derartige Medikamente zum Einsatz kommen; es können auch durchaus harmlose Mittel sein (etwa Aspirin), die keinerlei Auswirkungen von der beschriebenen Art hervorrufen.

5. Einwand: NTEs sind nichts anderes als Schutzmaßnahmen des Gehirns. In einer derartigen Situation schüttet das Gehirn enorme Mengen von Substanzen aus, die in ihrer Wirkung Heroin und Morphium ähneln können. Auch Endorphine („Glückshormone") werden dabei freigesetzt.

Endorphine könnten theoretisch tatsächlich für das immer wieder beschriebene „Wohlgefühl" beim Sterben verantwortlich sein. Ihre berauschende Wirkung ist aus dem Leistungs- und Ausdauersport gut belegt, doch bislang gibt es keine verlässlichen Daten darüber, ob diese Substanzen auch im Augenblick des Todes ausgeschüttet werden.

Bei Versuchen mit Tieren, die an einer bakteriell verursachten Hirninfektion starben, konnten jedenfalls nur kleinste Mengen solcher Substanzen nachgewiesen werden. Sollte man diese Ergebnisse auf den Menschen übertragen können, so müsste man zu dem Schluss kommen, dass beim Sterben keine derartigen Chemikalien ausgeschüttet werden.

6. Einwand: Wenn ein Mensch klinisch tot ist, heißt dies lediglich, dass sein Herz nicht mehr schlägt. Das Gehirn hingegen, in dem ja die NTEs „entstehen", wird noch eine Zeit lang weiter mit Sauerstoff versorgt. Es ist also noch nicht im Sterben begriffen.

Das ist sachlich richtig. Erst nach Eintreten des Hirntods kann ein Mensch definitiv für tot erklärt werden. Allerdings wird das Gehirn nach einem Herzstillstand nur für kurze Zeit mit Sauerstoff weiter versorgt. Aus diesem Grund werden Wiederbelebungsmaßnahmen auch nach einer gewissen Zeit abgebrochen, sofern sich nicht wieder ein Spontanpuls einstellt.

Dennoch: Eine ganze Reihe von Patienten konnte wiederbelebt werden, nachdem das EEG (das die elektrischen Ströme im Gehirn misst) bereits eine Nulllinie gezeigt hatte. Für gewöhnlich gilt die Nulllinie („Flatline") als Indiz für den Eintritt des Hirntods.

7. Einwand: Die Tatsache, dass klinisch tote Patienten Vorgänge und Gespräche in ihrer Umgebung während der Wiederbelebung im Nachhinein korrekt wiedergeben können, lässt sich auf unbewusste akustische Wahrnehmungen zurückführen. Denn das Ohr ist das letzte Organ, das seine Tätigkeit etwa bei einer Narkose einstellt. Das Gehirn fügt diesen Sinneseindrücken

optische Ergänzungen hinzu, sodass der Patient nach der Wiederbelebung glaubt, er habe all das tatsächlich „gesehen".

Hier sei zunächst auf den Fall jener 70-jährigen Patientin hingewiesen, die seit 50 Jahren blind war. Sie konnte – wenn überhaupt – also ausschließlich durch das Gehör die Vorgänge im OP-Saal wahrnehmen. Und doch war sie in der Lage, die medizinischen Instrumente und sogar den Anzug des Arztes zu beschreiben – ein Phänomen, das sich nun einmal nicht mit einer Wahrnehmung durch das Gehör oder andere nicht-visuelle Sinneseindrücke erklären lässt.

Der Kardiologe Dr. M. Sabom führte dazu einen interessanten Versuch durch. Er wählte 25 Probanden aus, die gewisse medizinische Grundkenntnisse besaßen. Doch als sie aufgefordert wurden, zu beschreiben, wie Reanimationsmaßnahmen durch einen Arzt ablaufen, machten 23 von ihnen große Fehler.

Diese Ergebnisse verglich der Wissenschaftler mit den Aussagen von 32 Patienten, die eine NTE gemacht hatten: Alle 32 konnten exakt und korrekt schildern, wie bei ihnen die Wiederbelebung durch einen Arzt erfolgt war. Deshalb kam Dr. Sabom zu der Überzeugung, dass diese Menschen tatsächlich ihren Körper verließen und zum Teil die gesamte Szene im OP von einem Punkt darüber beobachteten.

8. Einwand: Die Medizin kennt Fälle, in denen ein Mensch bei vollem Bewusstsein ist und sämtliche Ereignisse in seiner Umgebung deutlich wahrnimmt. Er ist jedoch nicht in der Lage, mit dem Außen in Kontakt

zu treten oder sich bemerkbar zu machen. Manche dieser Patienten werden deshalb für tot gehalten.

Derartige Fälle sind tatsächlich schon oft beschrieben worden. Es mag sein, dass einige Betroffene eine solche komaartige Situation mit einer Art NTE „verwechseln". Allerdings berichten sie, die ja bei vollem Bewusstsein sind, nicht von Erlebnissen, die einer NTE vergleichbar wären, und sind sich auch im Klaren darüber, wo sie sich befinden und was um sie herum geschieht. In keinem Fall haben sie das Gefühl, ihren Körper zu verlassen – vielmehr erleben sie sich als in ihrem Körper „gefangen", da sie ja keinerlei Signale nach außen geben können.

Dieser Einwand greift vollkommen daneben bei NTE-Fällen, in denen der Betroffene eine außerkörperliche Erfahrung machte und sein Ich den Ort verließ, an dem sich sein Körper befand. So war etwa die Frau, die in Bayern in der Klinik von Dr. Issels lag, in der Lage, ihr Bett und das eigene Krankenzimmer zu verlassen, um in ein anderes zu „gehen".

Dr. Raymond Moody nennt einen weiteren, sehr interessanten Fall, der keineswegs mit einer komaähnlichen „Starre der Sinne" erklärt werden kann: Als er Assistenzarzt war, wurde eine ältere Frau mit einem Herzanfall, die bereits das Bewusstsein verloren hatte, in seine Klinik eingeliefert. Moody begann sofort mit der Herzmassage, während eine Schwester in einen anderen Raum eilte, um ein Medikament zu holen. Da sich die Flüssigkeit in einer Ampulle befand, musste diese erst aufgebrochen werden. Im Allgemeinen benutzt man dazu ein Tuch, um sich nicht zu schneiden;

da es aber schnell gehen musste, brach die Schwester die Ampulle mit bloßen Händen auf.

Als die Frau wiederbelebt werden konnte, sagte sie zu der Schwester: „Meine Liebe, ich habe gesehen, was Sie nebenan gemacht haben. Sie werden sich eines Tages noch schneiden." Dies lässt nur den Schluss zu, dass die Frau nach Verlassen ihres Körpers offenbar der Schwester gefolgt war, um zu sehen, was diese im Nebenraum tat.

9. Einwand: Nach heutiger Auffassung sind unser Ich und unser Bewusstsein untrennbar mit dem Organ Gehirn verbunden. Da also das Gehirn oder ein Teil davon unser Bewusstsein ausmacht, ist es unwahrscheinlich, dass hier „etwas" den Körper verlassen kann.

Wir stehen hier vor dem Problem, dass wir – entgegen anders lautenden Darstellungen – noch immer nicht wissen, was unser „Ich" oder unser „Bewusstsein" eigentlich ist und wo es seinen Sitz im Körper hat.

Wilder Penfield und John C. Eccles, zwei herausragende Hirnforscher, deren Erkenntnisse den heutigen Forschungsstand maßgeblich beeinflusst haben, teilen diese Ansicht. Nach jahrzehntelanger Hirnforschung kamen sie zu dem Ergebnis, dass Gehirn und Bewusstsein getrennt voneinander zu sein scheinen. Penfield schreibt dazu:

Auf die eine oder andere Art ist die Frage nach der Natur des Geistes ein elementares Problem, vielleicht das schwierigste und bedeutendste aller Probleme. Ich habe mein ganzes Leben als Wissenschaftler damit verbracht, zu erforschen, wie das Gehirn das Bewußtsein steuert. Nun muß ich in dieser abschließenden Zusammenfassung meiner Ergebnisse überrascht feststellen, daß die Hypothese des Dualismus [also daß Hirn und Geist getrennt sind] die vernünftigste Erklärung ist.[177]

10. Einwand: NTEs sind schlicht und einfach Halluzinationen, die vom Bewusstsein selbst ausgelöst werden. Die Ursachen und Mechanismen dieser Vorgänge kennen wir einfach bisher noch nicht.

Dieser Einwand ist nicht stichhaltig. Eine Halluzination entsteht im Gehirn. Wenn aber, wie bei einigen NTEs beschrieben, das EEG eine Nulllinie zeigt – wenn also keine Hirnströme mehr messbar sind und damit auch keine Aktivität mehr im Gehirn stattfindet –, kann eine Halluzination mit Sicherheit ausgeschlossen werden. Denn bei jeder Art von zerebraler Aktivität zeigt das EEG eine Kurve, selbst wenn wir träumen. Aber bei NTE mit Nulllinie ist das Hirn schlicht „außer Betrieb".

11. Einwand: Die empirischen Forschungen von Dr. Susan Blackmore haben ergeben, dass NTEs auf Sauerstoffmangel zurückzuführen sind. Dabei treten in den Gehirnzellen Entladungen auf, die am äußeren Rand des Gehirns schwächer sind als in der Gehirnmitte. So wird dem Bewusstsein ein Tunnel mit einem Licht am Ende vorgegaukelt, das mit der Zeit immer größer wird – was den Anschein erweckt, man bewege sich auf dieses Licht zu.

Wie schon erläutert, kann ein Sauerstoffmangel keine NTE auslösen. Dennoch mag diese These den Tunnel durchaus erklären – vorausgesetzt, im Gehirn fließen weiterhin elektrische Ströme. Allerdings haben die Umfragen von George Gallupe ergeben, dass nur neun Prozent der NT-Erfahrenen diesen Tunnel gesehen haben wollen.

OBEs werden bei NTEs hingegen um ein Vielfaches häufiger beschrieben. Dieses Argument hat also keine Relevanz für die – überprüfbaren – Erfahrungen, die Menschen am Rande zum Tod außerhalb des eigenen Körpers machten. Auch die korrekte Wiedergabe von Vorgängen und Gesprächen ist so nicht zu erklären.

Gleichfalls ist zu bedenken, dass bei „negativen" NTEs, die den Patienten mit einer Hölle und/oder dämonischen Kreaturen konfrontieren, nicht von einem Tunnel berichtet wird.

12. Einwand: Auf C. G. Jung geht die Theorie der Archetypen zurück. Diese stellen jenen Anteil am kollektiven Unbewussten des Menschen dar, der als Leitbild auf menschlichen Urerfahrungen früherer Generationen gründet und sich in Träumen, Fantasien und Visionen ausdrücken kann. Diese Archetypen sind „schuld" daran, dass sich alle NTE-Berichte so frappierend ähneln.

Dies ist nur zum Teil korrekt, denn durchaus nicht alle NTEs gleichen sich. Zwar lassen sich bei ihnen – als Gesamterlebnis betrachtet – Ähnlichkeiten feststellen, doch wenn man sie individuell betrachtet, zeigen sich doch ganz erhebliche Abweichungen und Unterschiede.

Jung zufolge finden sich im kollektiven Unbewussten lediglich *Motive* abgespeichert, die allen Kulturen zu Eigen sind, jedoch keine *Abläufe*. Jung selbst hat eine NTE erlebt, die er jedoch nicht mit seiner Archetypentheorie und dem kollektiven Unbewussten in Verbindung brachte; vielmehr kommentierte er sie in einem Buch mit den Worten: „Das Erlebnis war äußerst realistisch. Es hatte die Eigenschaft absoluter Objektivität."[178]

13. Einwand: Zahllose Menschen auf der Welt waren schon einmal klinisch tot. Aber nur ein Bruchteil von ihnen will eine NTE erlebt haben. Deshalb ist es unwahrscheinlich, dass beim (klinischen) Tod generell das Ich den Körper verlässt.

Das Problem ist wohl eher umgekehrt, eine Antwort auf die Frage zu finden: Warum haben einige Menschen eine Nahtoderfahrung, andere aber nicht?

Nur weil einige (und nicht wenige!) Personen eine NTE während ihres klinischen Todes erlebten und andere nicht (oder sich nur nicht mehr erinnerten?), darf man diese Berichte keinesfalls als Ammenmärchen abtun. Es wird vielmehr Aufgabe der zukünftigen NTE-Forschungen sein, zu klären, warum und wann eine Nahtoderfahrung gemacht wird oder nicht, und damit Licht ins Dunkel zu bringen – vielleicht ja sogar ein wenig Licht in jenen rätselhaften Tunnel?

Anmerkungen

[1] Ian Tattersall: *Neandertaler*, Basel 1999.

[2] F. Clark Howell: *Der Mensch der Vorzeit*, o. O. 1969.

[3] Erich Neumann: *Kulturentwicklung und Religion*, Frankfurt/Main 1978.

[4] Vgl. Hanspeter Oschwald: *Nur noch Christentümlich*, in: *Focus*, Nr. 14/1999.

[5] Vgl. Helmuth von Glasenapp: *Die fünf Weltreligionen*. München 1996.

[6] Ebenda; ferner *BBC Exclusive: Faktor X: Besuch im Jenseits*, VOX, 12. März 1999; und *Erinnerungen an frühere Leben*, in: *Faktor X*, Nr. 8.

[7] *Katechismus der katholischen Kirche*, München 1993.

[8] Wobei anzumerken ist, dass nach der Lehre der Trinität Jesus Christus und Gott ohnehin eins sind. Die Trinität besagt, dass Gott nicht entweder Gott, Jesus oder Heiliger Geist sein soll, sondern alle drei „Zustände" gleichzeitig repräsentiert. Dieses kirchliche Dogma wurde ausgesprochen, um zu verhindern, dass drei Götter angebetet werden.

[9] *Katechismus der katholischen Kirche*, München 1993.

[10] Zitiert nach Roland Zürrer: *Reinkarnation*, Zürich 1994.

[11] Ebenda.

[12] Ebenda.

[13] *Baz*, Nr. 120 (www.baz.ch).

[14] Vgl. auch die Webseite von Rabbi Yonassan Gershom unter www.pinenet.com/~rooster/index.html.

[15] *BBC Exklusive: Faktor X: Lebendig begraben*, VOX, 26. April 1999.

[16] Vgl. Holger Jebens: *Eine Bewältigung der Kolonialerfahrung*, Bonn 1990.

[17] Schon im Alten Reich um 2600 v. Chr. wurden die Körper natürlich durch Austrocknen mumifiziert, indem man sie in dem heißen und trockenen Wüstensand begrub. Später pefektionierte man das bis zu 70 Tage dauernde Mumifizierungs-Verfahren. Die ältesten Mumien stammen aus Südamerika.

[18] Vgl. Rainer Stadelmann: *Die ägyptischen Pyramiden*, Darmstadt ²1991.

[19] Das ägyptische Totenbuch entstand um 1500 v. Chr. und ist eine Sammlung von Schriftrollen, die mit den in ihnen enthaltenen Hymnen, Beschwörungen und Bildern eine Art „Reiseführer" für die Toten darstellten. Vgl. Gregoire Kolpaktchy: *Das Ägyptische Totenbuch*, Bern/München 1970.

[20] Vgl. Luigi Moraldi: *Nach dem Tode*. Zürich/Köln 1987.

[21] Vgl. Emil Nack: *Götter, Helden und Dämonen*, Wien/Heidelberg 1980.

[22] Vgl. Eva Maria Kaiser und Ulrich Rausch: *Die Zeugen Jehovas*, Augsburg 1996, sowie dem Autor vorliegende Schriften und Broschüren der Zeugen Jehovas.

[23] Vgl. Jörg Dendl: *Chinas phantastische Vergangenheit*, Berlin 1997.

[24] Vgl. Ellen Dupont und Nance Fyson (Hrsg.): *Das Leben jenseits des Todes*, Stuttgart 1992.

[25] Vgl. Emil Nack, a. a. O.

[26] Vgl. Ellen Dupont und Nance Fyson (Hrsg.), a. a. O. Es sei angemerkt, dass Platon in seinem Werk *Politeia* über den „klassischen" Glauben der Griechen schreibt.

[27] Ebenda.

[28] Vgl. Matthias Weigold: „Im Bann der Dämonen", in: *P.M.-Magazin*, April 2000.

[29] Erst durch den Fund eines Grabes unterhalb einer Pyramide in Palenque, Mexiko, im Jahre 1949 ist dies belegt.

[30] Vgl. Wilfried Westphal: *Die Maya*. Bindlach 1991.

[31] Vgl. Sven Loerzer und Monika Berger: *Berichte aus dem Jenseits*, Augsburg 1970.

[32] Ebenda.

[33] Vgl. Emil Nack, a. a. O.

[34] Die Erbsünde gilt auch bei einigen Theologen und Kirchenvätern als Erfindung bzw. fehlinterpretierte Übersetzung. Vgl. Lars A. Fischinger: Götter der Sterne. Weilersbach 1998.

[35] Vgl. umfangreiche Analysen und Beschreibungen dieser Religionssysteme in Walter Krickenberg: *Altmexikanische Kulturen*, Berlin 1971.

[36] Vgl. zu diesen Themen Lars A. Fischinger und Roland M. Horn: *UFO-Sekten*, Rastatt 1999.

[37] Die Sekte „Rael-Bewegung" indes ist der Meinung, dass man mittels Klonen immer wieder neu geboren wird. Schon die Aliens schufen so die Menschen und zum Beispiel ist Jesus Christus durch Klonen „auferstanden". Lars A. Fischinger und Roland M. Horn: *UFO-Sekten*, Rastatt 1999.

[38] Vgl. Josef Schedel: *Unbegreifliches*, unter www.alien.de /vfgp/unbe.htm (vom 23. Juli 1999).

[39] Tatsächlich zweifeln einige Wissenschaftler an der Authentizität des biblischen Exodus aus Ägypten. Hauptgrund ist die Tatsache, dass sich weder in Quellen noch Darstellungen Hinweise auf einen solchen Massenaufstand finden lassen.

[40] Vgl. Christopher M. Bache: *Das Buch von der Wiedergeburt*. München ²1995.

[41] Vgl. Walter Jörg Langbein: *Parapsychologische Phänomene*, München 1997, und Ian Stevenson: *Twenty Case Suggestive of Reincarnation*, New York 1966.

[42] Charlottesville.

[43] Vgl. Ian Stevenson: *Birthmarks and Birth Deficits Corresponding to Wounds on Deceased Persons*, in: *Journal of Scientific Exploration*, Nr. 4/1993.

221

[44] Vgl. Carol Bowman: *Ich war einmal...*, München 1998.

[45] Vgl. Karl O. Schmidt.: *Das abendländische Totenbuch*, Bd. 2, Hammelburg [6]1992.

[46] Schmidt beruft sich auf *Das neue Zeitalter*, Nr. 14/1972.

[47] Vgl. Carol Bowman, a. a. O.

[48] Vgl. Karl O. Schmidt, a. a. O.

[49] Vgl. Rudolf Passian: *Wiedergeburt*, München 1985.

[50] Vgl. www.bhakti-yoga.ch/AnsArg/Reinkarnation.html (bezogen am 5. Mai 1999). Es stellt sich im letzten Beispiel jedoch die Frage, woher man wissen will, wie Altägyptisch klingt und gesprochen wird, da diese Sprache bis ins 19. Jahrhundert hinein nicht einmal übersetzt werden konnte. Niemand hat die Sprache der Pharaonen je gehört.

[51] Ebenda, zitiert nach Morris Netherton: *Bericht vom Leben vor dem Leben*, Berlin [3]1990.

[52] Zitiert nach Hartwig Hausdorf: *Das Jahrhundert der Rätsel und Phänomene*, München 1999.

[53] Der Fall Shanti Devi wird in dem Buch *Das Leben nach dem Leben* (München [9]1989) des Reinkarnationsforschers Thorwald Dethlefsen ausführlich zitiert. Dethlefsen beruft sich dabei auf den Bericht *A Case of Re-Incarnation*, der 1936 mit einem Vorwort von Professor M. Sudhaker (*National University* in Lahore) erschien und 1956 als Übersetzung durch die Parapsychologin Dr. Gerda Walter in dem Magazin *Neue Wissenschaft* in Deutschland veröffentlicht wurde. Dieser wird zu einem großen Teil von Dethlefsen rezitiert. Die Schilderungen zwischen Hausdorf (der wie meist keine Quellen angibt) und dem Bericht von Dethlefsen weisen jedoch frappierende Unterschiede auf. So zum Beispiel ist nach Dethlefsen Shanti Devi am 12. Oktober 1926 geboren. Der Besuch in der Stadt Muttra fand nach Dethlefsen 1935 statt, also *vor* der Geburt des Mädchens nach Hausdorf. Auch sind bei

Hausdorf und Dethlefsen sämtliche Namen der Verwandten bzw. der Verwandten im früheren Leben des Mädchens unterschiedlich. Jedoch ist bei beiden Autoren klar erkennbar, dass es ein und derselbe „Fall Shanti Devi" ist, da die Einzelheiten (Geldversteck, Beruf des Mannes aus Shantis einstigem Leben, Wohnort, Besuch in der Stadt etc.) identisch sind. Nachfragen bei Hausdorf über seine Quelle blieben unbeantwortet. Der französische Autor Robert Charroux wiederum nennt in seinem Buch *Phantastische Vergangenheit* (2. Aufl., München 1969) als Geburtsjahr des Mädchens 1943.

[54] Vgl. *Living Buddha*, WDR, 27. Juli 1999.

[55] Vgl. Melvin Harris: *Investigating the Unexplained*, Buffalo 1986.

[56] Zitiert nach Raymond A. Moody und Paul Perry: *Leben vor dem Leben*, Augsburg 1999.

[57] Vgl. Salomé Mauel und Artur F. Körner: *Reinkarnation / Rückführungen in vergessene Leben und zu anderen Planeten*, in: *Jenseits des Irdischen*, Nr. 7/1996.

[58] Vgl. Michael Schröter-Kunhardt: *Reinkarnationsglaube und Reinkarnationstherapie: transpersonale Fiktion*, in: *Transpersonale Psychologie und Psychotherapie*, Nr. 1/1996.

[59] Die an diesem Themenabend ausgestrahlte Dokumentation umfasste auch das *BBC Special – Das Wunderwerk Mensch: Im Angesicht des Todes*, VOX, 31. Juli 1999 (Wiederholung).

[60] Vgl. *Der Spiegel*, Nr. 21/1999.

[61] Vgl. www.spiritweb.org.

[62] Zitiert nach Melvin Morse und Paul Perry: *Verwandelt im Licht*, München 1994.

[63] Zitiert nach Raymond A. Moody: *Leben nach dem Tod.*, Reinbek bei Hamburg ²1998.

[64] Nach einem Schreiben von Gerd W. Höchsmann an den Autor vom 1. August 1999.

[65] Zitiert nach Raymond A. Moody, a. a. O.

[66] Vgl. Herbert Greenhouse: *The Astral Journey*, New York 1976.

[67] Vgl. Reinhard Fischer: *Raumfahrt der Seele*, Freiburg i. Br. 1975.

[68] Zitiert nach Robert A. Monroe: *Der Mann mit den zwei Leben*, Düsseldorf/Wien ²1981.

[69] Vgl. Ellen Dupont und Nance Fyson (Hrsg.), a. a. O.

[70] Ebenda.

[71] Ebenda.

[72] Vgl. Richard Abanes: *Journey into the Light*, Grand Rapids 1996.

[73] Zitiert nach C. J. Ducasse: *A Critical Examination of the Belief in a Life After Death*, Springfield 1961.

[74] Zitiert nach *BBC Exclusive: Faktor X: Besuch im Jenseits*, VOX, 12. März 1999.

[75] Vgl. Sylvan J. Muldoon und Hereward Carrington: *The Projection of the Astral Body*, London 1969.

[76] Vgl. *BBC Exclusive: Faktor X: Besuch im Jenseits*, VOX, 12. März 1999.

[77] Ebenda.

[78] Zitiert nach Raymond A. Moody: *Das Licht von Drüben*, Reinbek bei Hamburg ⁶1999.

[79] Vgl. *BBC Exclusive: Faktor X: Besuch im Jenseits*, VOX, 12. März 1999.

[80] Vgl. D. Scott Rogo: "Out-of-Body", in: *Fate* Nr. 1/1986; ders.: "Dream ESP", in: *Fate* Nr. 9/1985; ders.: "Out-of-Body-Breakthrough", in: *SAGA-Ufo-Report*; Dezember 1977.

[81] Ebenda.

[82] Vgl. Viktor Farkas: *Jenseits des Vorstellbaren*, München 1996.

[83] Ebenda.

[84] Vgl. Josef Mühlbauer: *Jenseits des Sterbens*, Bonn ⁸1985.

85 Zitert nach Allen Spraggett: *The Case for Immortality*, Sacarborough 1975.
86 Nach: *Geheimnisse des Unbekannten. Unerklärliche Begegnungen*, Amsterdam 1991.
87 Ebenda.
88 Vgl. Richard Abanes, a. a. O.
89 Zitiert nach Michal Talbot: *Jenseits der Quanten*, München 1990.
90 Ebenda.
91 Vgl. *BBC Exklusive: Faktor X: Besuch im Jenseits*, VOX, 12. April 1999.
92 Vgl. Lars A. Fischinger: *Götter der Sterne*, Weilersbach 1998.
93 Vgl. Michael Schröter-Kunhardt: *Nah-Todeserfahrungen – Ein neues anthropologisches Paradigma*, in: *TW Neurologie Psychiatrie*, Oktober 1992.
94 Vgl. *Nah-Todeserfahrungen – Rückkehr zum Leben*, Flensburg 1995.
95 Vgl. Stefan Högl: *Leben nach dem Tod?*, Rastatt 1999.
96 Vgl. Stefan Högl, a. a. O.
97 Zitiert nach Michael Schröter-Kunhardt: *Das Jenseits ist unter uns*, in: *Psychologie heute*, Juni 1993.
98 Zitiert nach Michael Schröter-Kunhardt, *Nah-Todeserfahrungen – Ein neues anthropologisches Paradigma*, a. a. O.
99 Zitiert nach *Nah-Todeserfahrungen – Rückkehr zum Leben*, a. a. O.
100 Zitiert nach Josef Mühlbauer, a. a. O.
101 Auch der Autor selber hatte im Sommer 2002 bei einem Unfall eine Erfahrung mit einem Lebensfilm, bevor er ins Koma fiel, jedoch keine „klassische" NTE.
102 Zitiert nach Göran Grip: *Everything Exists*, Stockholm 1994.
103 Zitiert nach Raymond A. Moody: *Leben nach dem Tod*, a. a. O.

225

[104] Ebenda.

[105] Vgl. Rudolf Passian, a. a. O.

[106] Zitiert nach Ernst Meckelburg: *Wir alle sind unsterblich*, München 1997.

[107] Ebenda, dasselbe widerfuhr dem Autor im Sommer 2002.

[108] Zitiert nach Raymond A. Moody: *Leben nach dem Tod*, a. a. O.

[109] Die entsprechende Literatur ist sehr umfangreich. Im Literaturverzeichnis finden sich einige ausgewählte Bücher dazu.

[110] Vgl. Inge Dreecken und Walter Schneider: *Signale aus dem Jenseits?*, München 1974.

[111] Zitiert nach Josef Mühlbauer, a. a. O.

[112] Vgl. Arthur Ford: *Bericht vom Leben nach dem Tode*, Bern/München [8]1976.

[113] Vgl. Inge Dreecken und Walter Schneider, a. a. O.

[114] Vgl. Raymond A. Moody und Paul Perry: *Blick hinter den Spiegel*, München 1996.

[115] Vgl. W. Dewi Rees: *The Hallucinations of Widowhood*, in: *British Medical Journal*, Nr. 4/1971.

[116] Vgl. Earl Dunn und Janice Smith: *Ghosts: Their Appearance During Bereavement*, in: *Canadian Family Physician*, Oktober 1977.

[117] Vgl. Andrew M. Greeley: *The Sociology of the Paranormal: A Reconnaissance*, London 1975.

[118] Vgl. Allen Spraggett, a. a. O.

[119] Ebenda.

[120] Vgl. Peter Krassa und Reinhard Habeck: *Die Palmblatt-Bibliothek*, München 1993.

[121] Vgl. Josef Schedel: *Unbegreifliches*, unter www.alien.de/vfgp/unbe.htm (vom 23. Juli 1999).

[122] Vgl. Lars A. Fischinger: *Rendezvous der ungeklärten Phänomene*, unveröffentlichtes Manuskript.

123 Vgl. Viktor Farkas: *Unerklärliche Phänomene*, Augsburg 1997.

124 Vgl. Nils-Olof Jacobsen: *Leben nach dem Tod?*, Düsseldorf/Wien o. J.

125 Vgl. *Dagens Nyheter*, Stockholm, vom 3. Februar 1968.

126 Vgl. *Chradimski Kraj*, Prag, vom 25. August 1891.

127 Vgl. Emil Mattiesen: *Das persönliche Überleben des Todes*, Berlin 1962.

128 Vgl. Ernst Meckelburg: „*Die Titanic wird sinken*", München 1998.

129 Zitiert nach einem Schreiben von Gerd W. Höchsmann, 1. August 1999.

130 Vgl. Ernst Meckelburg: *Traumsprung*, Augsburg 1993 (Quelle nicht genannt).

131 Ebenda.

132 Vgl. Andrew MacKenzie: *Hauntings and Appartions*, London 1982.

133 Zitiert nach der Übersetzung in Mike Dash: *X-Phänomene*, München/Essen/Reichenau 1997.

134 Vgl. Ernst Meckelburg: *Traumsprung*, a. a. O. (Quelle nicht genannt).

135 Ebenda.

136 Zitiert nach Fanny Moser: *Spuk*. Frankfurt/Main 1980.

137 Zitiert nach Josef Mühlbauer, a. a. O.

138 Vgl. Sir Ernest Bennett: *Apparitions and Haunted Houses. A Survey of Evidence.* London 1939.

139 Zitiert nach Ian Currie: *Niemand stirbt für alle Zeit*, München ⁷1990.

140 Zitiert nach Ernst Meckelburg: *Traumsprung*, a. a. O. (Quelle nicht genannt).

141 Vgl. Ernst Meckelburg: *Traumsprung*.

142 Es ist nicht bekannt, ob der verunglückte Sohn tatsächlich Griechisch konnte, kann aber aufgrund seines Studiums in Athen vermutet werden.

[143] Vgl. Raymond A. Moody und Paul Perry: *Leben vor dem Leben*, a. a. O.

[144] Vgl. Ian Stevenson: *Xenoglossy*, Charlottesville 1974.

[145] Dieser Fall, der vor allem von dem bekannten Parapsychologen Harry Price aufgezeichnet wurde, ist in der populären PSI-Literatur mehrfach zu finden. Vgl. Viktor Farkas: *Rätselhafte Wirklichkeiten*, München 1998; ders.: *Unerklärliche Phänomene*, a. a. O.; Ernst Meckelburg: *Wir alle sind unsterblich*, a. a. O.

[146] Mit diesem Luftschiff soll die R 101 gemeint gewesen sein.

[147] Zitiert nach Ernst Meckelburg: *Wir alle sind unsterblich*, a. a. O.

[148] Zitiert nach Viktor Farkas: *Unerklärliche Phänomene*, a. a. O.

[149] Zitiert nach Lars A. Fischinger: *Rendezvous der ungeklärten Phänomene* (unveröffentlichtes Manuskript).

[150] Vgl. Inge Dreecken und Walter Schneider, a. a. O.

[151] Vgl. Inge Dreecken und Walter Schneider, a. a. O.; Viktor Farkas: *Unerklärliche Phänomene*, a. a. O.

[152] Zitiert nach www.alien.de/vfgp/esot/ueberleben.htm (vom 16. August 1999).

[153] Ebenda.

[154] Vgl. *Geheimnisvolle Erscheinungen*, Rastatt 1995.

[155] Heute wird in Esoterikkreisen diese „Chronik des Wissens" als Akashachronik bezeichnet.

[156] Vgl. Jane Roberts: *Gespräche mit Seth*, Genf 1979; dies.: *Das Seth-Material*, Genf 1986. In Deutschland ist inzwischen ein gutes Dutzend Bücher zu diesem Thema erschienen.

[157] Seth war eine Gottheit der alten Ägypter. Als Sohn der Himmelsgöttin Nut hatte er seinen Bruder Osiris ermordet. Dennoch scheint es keine Verbindung zwischen dem Seth von Roberts und diesem Gott oder der ägyptischen Religion zu geben.

[158] Vgl. Michael Schaefer: „Letzte Worte einer Wesenheit", in: *esotera*, Nr. 7/1999.

228

[159] Vgl. Bruno Riek: „Die gespaltene Persönlichkeit", in: *Para*, Dezember 1993.

[160] Vgl. Carl Wickland: *Dreißig Jahre unter den Toten*, Darmstadt ²1957.

[161] Vgl. Kurt N. Jaeggi: „Kritische Auseinandersetzung mit Seth-Literatur", in: *Para*, Nr. 16.

[162] Vgl. Jane Roberts: *Seths letzte Botschaft*, Freiburg i. Br. 1999.

[163] Vgl. Inge Dreecken und Walter Schneider, a. a. O.

[164] „Malerei aus dem Jenseits", in: *Rätselhafte Phänomene*, Nr. 4.

[165] Ebenda.

[166] Vgl. Josef Mühlbauer, a. a. O.

[167] Vgl. Rosemary Brown: *Musik aus dem Jenseits*, Wien/Hamburg 1971.

[168] Zitiert nach Josef Mühlbauer, a. a. O.; Inge Dreecken und Walter Schneider, a. a. O.

[169] Nach einem Schreiben vom 24. Juni 1999 von Doris Olbricht von der Redaktion *Hörzu* an den Autor ist der betreffende Zeitschriftartikel zu diesem Besuch im Archiv nicht mehr auffindbar.

[170] „Konzert in Trance", in: *Zeitgeist*, Nr. 2/1998.

[171] „... und das Leben hört niemals auf!", in: *Zeitgeist*, Nr. 3/1998.

[172] Vgl. Michael B. Sabom: *Erinnerungen an den Tod*, o. O. 1986.

[173] Vgl. Friedrich Lorenz: *UFOs, Ungeheuer, dunkle Mächte*, Bindlach 1995.

[174] Vgl. Raymond Moody: *Das Licht von Drüben*, a. a. O.

[175] Vgl. Melvin Morse: "Childhood Near-Death Experience", in: *American Journal of Disease of Children*, Nr. 140/1986.

[176] Dieser Vergleich wurde einst durchgeführt, nachdem Michael Drosnin in seinem Buch *Der Bibel Code*, München 1997, behauptete, durch ein bestimmtes System

in der Anordnung von Buchstaben usw. in der Bibel „zukünftige Ereignisse" der Welt herauslesen zu können.

[177] Vgl. Wilder Penfield: *The Mystery of the Mind. A Critical Study of Consciousness a the Human Brain*, Princeton 1975.

[178] Vgl. Carl G. Jung: *Memories, Dreams, Reflections*, New York 1963.

Glossar

AKE
Außerkörperliche Erfahrung -> siehe OBE.

Astralkörper
Einer Vielzahl von Religionen, Spiritisten und Esoterikern zufolge hat der Mensch einen zweiten „Körper". Dieser Astralkörper ist nicht fassbar – er ist vielmehr eine Art Energie, die nach dem Tod den physischen Körper verlässt und im Jenseits weiterlebt. Einige Menschen sollen ihren leiblichen Körper auch bewusst verlassen können.

Aura/Aurafotografie
Als Aura bezeichnen Esoteriker eine Art Energiefeld, das jeden lebenden Körper umgibt. Daran können besonders sensitive Menschen Stimmungen etc. der betreffenden Person erkennen. Als Aurafotografie bezeichnet man eine Technik, mit der dieses farbige Energiefeld auf Film gebannt werden kann.

Automatisches Schreiben/Malen/Komponieren
Das Phänomen der „automatischen" Niederlegung scheinbar aus dem Jenseits stammender Informationen und Künste ist so alt wie die Parapsychologie. Bei dieser PSI-Erscheinung sind Medien in der Lage, in Trance Informationen aus dem Jenseits „aufzufangen", die von verstorbenen Künstlern stammen (sollen). Erstaunlich ist, dass es in einigen Fällen tatsächlich deutliche Ähnlichkeiten zum individuellen Stil des jeweiligen Künstlers gibt, obwohl das Medium kaum oder keine Kenntnisse im Schreiben, Malen oder Komponieren hat.

Bedroom-Visitors

Ein aus der UFO-Entführungsforschung bekanntes Phänomen. Dabei handelt es sich um „Aliens", die völlig mühelos massive Mauern überwinden und in Räume eindringen, um Menschen zu entführen.

Bilokation

Darunter versteht man die Verdoppelung von Menschen. Bestimmte Heilige, aber auch Personen ohne religiösen Hintergrund sollen die Fähigkeit haben, an zwei unterschiedlichen Orten zur selben Zeit zu sein. Besonders oft tritt dieses Phänomen zum Zeitpunkt ihres eigenen Todes auf.

Cargokulte

Diese Kultform stammt aus der Zeit der großen Entdeckungen durch die Seefahrt. Es handelt sich um „primitive" Religionen, die dadurch entstanden, dass die Eingeborenen der entdeckten Landstriche und Inseln die Weißen aufgrund ihrer viel weiter entwickelten Technik (engl. *cargo* = „Ladung, Fracht") als Götter betrachteten.

CE IV

UFO-Begegnungen der vierten Art. Damit sind so genannte Entführungen gemeint: Menschen mit derartigen Erfahrungen sagen aus, sie seien von fremden Wesen gegen ihren Willen in UFOs verschleppt worden, wo man sie zum Teil „medizinisch" untersucht habe. Im Nachhinein erinnern sich die Betroffenen nur noch an Bruchstücke des Geschehens.

Hypnose, regressive

Diese Form der Hypnose nutzt man, um bei den Probanden Erinnerungen aus der Vergangenheit aus dem Unterbewusstsein zu holen. Die UFO-Entführungsforschung wie auch die Reinkarnationsforschung bedient sich dieses Mittels, um Erlebnisse zu „reaktivieren", an die sich der Betroffene nicht mehr bewusst erinnern kann.

Lebensfilm
Dabei sehen Menschen in einer Grenzerfahrung innerhalb von Sekundenbruchteilen Szenen und Bilder aus ihrem bisherigen Leben vor ihrem geistigen Auge. Der Lebensfilm kann bei NTEs ebenso ablaufen wie in kritischen Angstsituationen.

Levitation
Die Levitation ist ein uraltes Phänomen, das vor allem von indischen Gurus gern vorgeführt wird. Damit wird die Fähigkeit von Menschen beschrieben, ohne Hilfsmittel und von selbst zu schweben. Auch massive Gegenstände sollen von entsprechend begabten Menschen durch „geistige Kräfte" zum freien Schweben im Raum gebracht werden können.

Lichtwesen
NT-Erfahrene beschreiben, dass sie während des Sterbens in einer anderen Welt einem „Lichtwesen" begegneten. Diese Gestalt wird oft mit religiösen Attributen versehen wahrgenommen und strahlt ein Licht der Liebe, Fürsorge und des Wohlwollens aus. Oftmals teilt das Lichtwesen dem NTE-Zeugen mit, seine Zeit sei noch nicht gekommen, und er müsse zurückkehren ins Diesseits.

Medium
Darunter versteht man einen Menschen, der die PSI-Gabe besitzt, als Mittler den Kontakt zwischen Lebenden und Toten herzustellen. Viele Medien können auch Botschaften aus dem Jenseits empfangen.

NTE

Nahtoderfahrungen sind außersinnliche Erlebnisse von Menschen, die klinisch tot sind und während des Sterbens Visionen vom Jenseits erleben; sie können jedoch immer wieder reanimiert werden. Die überwiegende Zahl der NT-Erfahrenen schildert nach ihrer Rückkehr die NTE als beglückendes Erlebnis, in dessen Verlauf wunderschöne Landschaften, Lichtwesen und/oder ein Tunnel mit einem gleißenden Licht gesehen werden. Typisch ist das Bedauern der Betroffenen darüber, wieder ins Diesseits zurückgehen zu müssen. Nichtsdestotrotz sind auch viele Fälle von negativ erlebten NTEs bekannt.

OBE

Out of Body Experience, Außerkörperliche Erfahrung (AKE). Hierbei handelt es sich um die Fähigkeit von Menschen, das Ich vom physischen Körper zu trennen und sich als körperloses Bewusstsein fortzubewegen. OBEs werden oft während NTEs gemacht. Die Betroffenen schildern, dass sie ihren Körper verließen und diesen sowie die Umgebung und Umgebenden in allen Einzelheiten wahrnahmen.

Phantomtiere

Ähnlich wie Menschen können auch Tiere nach ihrem Tod einzelnen Menschen erscheinen – vornehmlich ihren ehemaligen Besitzern. Diese Begegnungen verlaufen oftmals so real, dass der Zeuge, wenn er nichts vom Tod des Tiers weiß, nicht bemerkt, dass er es hier mit einem (tierischen) Geist zu tun hat.

Präkognition

Damit ist die bewusste oder unbewusste Gabe der „Vorahnung", der Prophetie gemeint, die es besonders begabten Menschen erlaubt, in die Zukunft zu sehen und Ereignisse wahrzunehmen, die erst noch geschehen werden.

PSI

In der Parapsychologie wird der 23. Buchstabe des griechischen Alphabets, Psi (?), mit dem auch *Psyche* beginnt, als Bezeichnung für jenes ungeklärte „Etwas" verwendet, auf dem okkulte oder übersinnliche Phänomene beruhen.

Reinkarnation

Wiedergeburt. Vor allem östliche Religionen glauben daran, dass das menschliche Ich in einem immer wiederkehrenden Kreislauf von Tod und erneuter Geburt befangen ist. Das bedeutet, dass der Mensch nach dem Ende des momentanen Lebens in ein neues Leben hineingeboren wird – auch als Tier.

RSPK

Recurrent Spontaneous Psychokinesis, Wiederkehrende spontane Psychokinese. Diese Bezeichnung fasst das Phänomen der Poltergeister zusammen. Meistens ist eine einzelne Person in dem betroffenen Gebäude oder der betroffenen Gruppe als „Auslöser", „Verursacher" oder „Ziel" der Poltergeister zu identifizieren.

Séance

Eine Séance ist eine spiritistische Sitzung, an der mehrere Personen teilnehmen. Währenddessen versuchen die Teilnehmer, mit Hilfe eines Mediums Kontakt zu den Verstorbenen herzustellen. Wenn dies gelingt, sollen Botschaften aus dem Jenseits empfangen werden.

Telepathie

Als Telepathie wird in der Parapsychologie das Phänomen beschrieben, dass Gefühle, Gedanken und Ähnliches ohne die Vermittlung von Sinnesorganen von einer Person auf eine andere übertragen werden.

Todesfluchterlebnis
Diese Erfahrung machen Menschen, die zwar durch eine Extremsituation wie einen Unfall in eine kritische Lage geraten, nicht aber in Lebensgefahr. Dennoch schildern die Betroffenen dabei teilweise ähnliche Erlebnisse wie bei NTEs.

Totenpakt
Menschen, die sich zu Lebzeiten das Versprechen geben, dass derjenige, der als Erster sterben muss, dem anderen nach seinem Tod erscheint, schließen einen so genannten Totenpakt ab. Es sind Fälle dokumentiert, in denen die Abmachung vom zuerst verstorbenen „Vertragspartner" eingehalten wurde.

Transkommunikation
Die Kommunikation mit den Toten mittels technischer Gerätschaften. Radio, Fernsehen, Telefon und alle anderen modernen Geräte werden dazu genutzt, mit der „anderen Seite" Kontakt aufzunehmen. Dabei werden nicht nur die Stimmen von Toten hörbar, sondern auch ihre Bilder erscheinen auf Bildschirmen.

Transtexte und Transbilder
Das sind unter Trance angefertigte „Werke", die angeblich von Jenseitigen den Lebenden übermittelt werden. Das Medium nimmt dabei meist bewusst Kontakt zu verstorbenen Künstlern auf. Transtexte können auch plötzlich und wie aus heiterem Himmel diktiert werden.

Transvideos
Transvideos gehören wie Tonbandaufzeichnungen zum Komplex der Transkommunikation. Einige PSI-Forscher sind überzeugt davon, dass auf Fernsehschirmen die Gesichter von Toten erscheinen können. Meistens gehen diesen Erscheinungen Tonbandstimmen voraus.

236

Unterwelt
Die Hölle oder Unterwelt ist in den meisten Kulten und Religionen der Geschichte das Gegenstück zum Paradies. Die Unterwelt wird meist als düsterer „Strafort" für die schuldhaften Seelen der Menschen interpretiert, die dort bis in alle Ewigkeit für ihre Sünden büßen müssen.

Vision
Unter Visionen versteht man zum einen „Gotteserscheinungen", wie sie etwa in der Bibel beschrieben werden, und zum anderen Bilder und Vorstellungen, die Menschen in den unterschiedlichsten Situationen „überfallen" oder von ihnen bewusst herbeigeführt werden. Sie beziehen sich meist auf zukünftige Ereignisse, die sowohl persönlicher als auch globaler Natur sein können. Auch die Präkognition hängt mit diesem Phänomen zusammen.

Zeitdilatation
Die Zeitdilatation oder Zeitdehnung bedeutet, dass sich die Zeitdimensionen „verschieben". Ereignisse aus der Vergangenheit oder Zukunft können demnach als gegenwärtig erscheinen und interpretiert werden. Man spricht in diesem Kontext auch von einer Zeitverschiebung oder sogar „Zeitreise".

Dank

An dieser Stelle möchte ich dem sympathischen Brauch nachkommen, einige persönliche Worte des Dankes auszusprechen. Mein Name ziert zwar das Cover, doch ist es nicht mein Buch allein.

Denn auch wenn ich bereits seit Jahren an bisher nicht veröffentlichten Büchern zu PSI-Themen arbeite – die hier zum Teil eingeflossen sind –, so bedurfte es doch bei diesem Projekt der Unterstützung vieler Personen. Deshalb sei hier all jenen gedankt, die mir bei diesem Buch der etwas anderen Art geholfen und mir sachbezogenes Material zugesandt haben – Menschen, die sich im Laufe der Zeit häufig auch als Freunde erwiesen haben.

Dank schulde ich aber an erster Stelle Ulrike „Uli" Schöttler. Sie war es, die mich im Frühling 1999 in langen Diskussionen auf die Idee brachte, dieses Buchprojekt in Angriff zu nehmen.

Danken möchte ich vor allem auch meinem Freund, dem Paraforscher Dr. h. c. Gerd W. Höchsmann, der mir freundlicherweise die Ergebnisse und Analysen seiner eigenen Forschungen im Bereich Nahtoderfahrungen zur Verfügung stellte. Auch versorgte er mich über lange Zeit hinweg mit zahlreichen Buchmaterialien.

Sandra und Mario Ringmann danke ich, dass sie mir, als ich ihnen in einem Telefonat eher beiläufig von meiner Arbeit an diesem Buch erzählte, sogleich Recherchematerial zusandten.

Thomas Ritter danke ich für die umfangreichen und sehr hilfreichen Informationen zum Thema der Palmblattbibliotheken, die er mir aus erster Hand zukommen ließ.

Auch mein langjähriger Freund Walter-Jörg Langbein bewies bei diesem Projekt erneut, dass man sich auf ihn immer verlassen kann.

Großen Dank schulde ich auch meiner Schwester Silke Fischinger, die sich bereits vor Jahren mit dem Thema Leben nach dem Tod befasste und ihre Ansichten gern mit mir diskutierte.

Auch meinen Eltern Reinhild und Bernfried Fischinger möchte ich dafür danken, dass sie früher stets dafür Verständnis hatten, wenn ich für Stunden in meinem Zimmer verschwand und mich mit „sonderbaren Dingen" befasste.

Danken möchte ich auch einem Unbekannten mit Namen „Volker". „Volker" hat es über eine gewisse Zeit hinweg immer wieder geschafft, mich durch seine „esoterischen" Anrufe abzulenken, zu erheitern, aber auch manches Mal zu verwirren und zu ärgern. Auch wenn seine „Thesen" keinen Einfluss auf diese Arbeit hatten, freute ich mich über jede Gelegenheit, seinen obskuren Ansichten lauschen zu können.

Des Weiteren möchte ich folgenden Kollegen und Freunden für ihre Unterstützung in Form von Zuspruch, Informationen oder Gesprächen bei meiner Arbeit an diesem Buch danken. Sie haben mir immer wieder weitergeholfen:

Guido Böinghoff, Jörg Dendl, Dr. Dr. Thomas von Eilfelberg, meinem inzwischen leider verstorbenen Freund Dr. Johannes Fiebag (Forschungsgesellschaft für Archäologie, Astronautik und SETI), Steffen Hils, Roland M. Horn, Dennis Kirstein, Dr. Dr. Walter von Lucadou, Ulrich Magin, Katrin Markert, Karen Pohlmann, Wladislaw Raab (Independet Alien Network), Dr. Klaus Richter, Julia Riedel, Roland Roth, Prof. Dr. Michael Schaubecker, Frank Schlüter, Adrienne Thiele, Ulrich Thieme von der CENAP, Klaus Wermeling, Katja Wichmann und besonders auch Christiane Schartner.

Nicht zuletzt möchte ich Birgit Dahms herzlich und aufrichtig danken. Zugleich ist ihr diese Arbeit gewidmet. Sie verdient meinen besonderen Dank und uneingeschränkten Respekt dafür, dass sie mir „die Augen öffnete".

Adressen

Abteilung für Parapsychologie und Grenzgebiete der Psychologie
Professor Dr. Johannes Mischo
Belfortstr. 6
D-79098 Freibug im Breisgau
Tel.: 07 61-2 03 30 03
Fax: 07 61-2 03 31 00

Forschungsgesellschaft für Archäologie, Astronautik und SETI (A.A.S.)
CH-3803 Beatenberg
E-Mail: admin@aas-fg.org
www.aas-fg.org

Parapsychologische Beratungsstelle der WGFP
Dr. Dr. Walter von Lucadou
Hildastr. 64
D-79102 Freiburg im Breisgau
Tel./Fax: 0761-77202

Verein für Tonbandstimmenforschung (VTF) e.V.
Hohscheiderstr. 2
40591 Düsseldorf
Tel.: 02 11-78 64 39
E-Mail: info@vtf.de
www.vtf.de

Literatur

Abanes, Richard: *Journey into the Light*, Grand Rapids 1996

Aeppli, Ernst: *Der Traum und seine Deutung*, München 1984

Allgeier, Kurt: *Morgen soll es Wahrheit werden*, München 1981

Allgeier, Kurt: *Prophezeiungen für das dritte Jahrtausend*, Rastatt 1999

Andreas, Peter, und Gordon Adams: *Was niemand glauben will*, Berlin 1977

Andreas, Peter, und Casper Killian: *Die Phantastische Wissenschaft*, Frankfurt/Main 1975

Antonette, Josiane: *Der Ruf der Seele*, Weilersbach 2000

Bache, Christopher M.: *Das Buch von der Wiedergeburt*, München [2]1995

Becker, Udo: *Lexikon der Symbole*, Freiburg i. Br. [2]1998

Bedford, James, und Walt Kensington: *Das Delpasse Experiment*, München 1977

Bennett, Sir Ernest: *Apparitions and Haunted Houses: A Survey of Evidence*, London 1939

Berlitz, Charles: *Das Bermuda-Dreieck*, Wien/Hamburg 1975

Berlitz, Charles: *Das Drachen-Dreieck*, München 1990

Berlitz, Charles: *Spurlos*, Wien/Hamburg 1977

Berlitz, Charles: *Unglaublich!* & *Die Welt des Unbegreiflichen*, doppelte Sonderausgabe, Augsburg 1994

Bernstein, Morey: *Protokoll einer Wiedergeburt*, Frankfurt/Main 1977

Biedermann, Hans: *Lexikon der magischen Künste*, Wiesbaden [3]1998

Biron, Georg: *Gibt es ein Jenseits?*, Wien 1994

Boar, Roger, und Nigel Blundell: *Die größten UFO-Geheimnisse der Welt*, München 1993

Bord, Janet und Colin: *Der amerikanische Yeti*, Rastatt 1998

Boschke, F. L.: *Das Unerforschte*, Düsseldorf 1975

Botschaften aus dem Jenseits, Rastatt [2]1993

Bowman, Carol: *Ich war einmal...*, München 1998

Brown, Rosemary: *Musik aus dem Jenseits*, Wien/Hamburg 1971

Büchli, A.: *Sagen aus Graubünden*, Aargau/Leipzig 1933

Bühler, Walter K.: *40 Begegnungen mit Außerirdischen in Brasilien*, Wiesbaden 1975

Buttlar, Johannes von: *Die Wächter von Eden*, München 1993

Buttlar, Johannes von: *Zeitreisen*, Bergisch Gladbach 1998

Buttlar, Johannes von: *Zeitriß*, München 1989

Buttler, Johannes von: *Auf den Spuren der Weltformel. Die Wächter von Eden*, Essen o. J. (Video)

Carrington, H.: *The Invisible World*, London 1921

Cavendish, Richard: *Die Welt des Übersinnlichen*, München 1995

Charroux, Robert: *Phantastische Vergangenheit*, München [2]1969

Christopher, Milbourne: *Geister, Götter, Gabelbieger*, München 1979

Colombres, Adolf: *Seres Sobrenaturales de la Culture Popular Argentinia*, Buenos Aires 1984

Cox-Chapman, Mally: *Begegnungen im Himmel*, Berlin 1997

Criss, Cia: *Reise zur Wahrheit*, München 1989

Currie, Ian: *Niemand stirbt für alle Zeit*, München [7]1990

Dam, Willem C. van: *Tote sterben nicht*, Augsburg 1995

Daniel, Glyn: *Enzyklopädie der Archäologie*, Hamburg 1996

Das große Hausbuch der Astrologie, Rastatt [4]o. J.

Dash, Mike: *X-Phänomene*, München/Essen/Reichenau 1997

Davies, Paul: *Die Unsterblichkeit der Zeit*, Bern/München/Wien 1998

Dendl, Jörg: *Chinas phantastische Vergangenheit*, Berlin 1997

Der Blick in die Zukunft, Rastatt [2]1993

Dethlefsen, Thorwald: *Das Leben nach dem Leben*, München
[9]1989

Dethlefsen, Thorwald: *Das Erlebnis der Wiedergeburt*, München 1976

Die Welt des Unerklärlichen, Rastatt 1994

Ditfurth, Hoimar von: *Wir sind nicht nur von dieser Welt*, Hamburg 1981

Dreeken, Inge, und Walter Schneider: *Signale aus dem Jenseits?*, München 1974

Dreiß, Wolfgang Friedrich: *Die ohne Körper leben*, St. Michael 1980

Drosnin, Michael: *Der Bibel-Code*, München 1997

Ducasse, C. J.: *A Critical Examination of the Belief in a Life After Death*, Springfield 1961

Dupont, Ellen, und Nance Fyson (Hrsg.): *Das Leben jenseits des Todes*, Stuttgart 1992

Farkas, Viktor: *Jenseits des Vorstellbaren*, Wien 1996

Farkas, Viktor: *Rätselhafte Wirklichkeiten*, München 1998

Farkas, Viktor: *Unerklärliche Phänomene*, Augsburg 1997

Faszination des Unfaßbaren, Stuttgart 1983

Fiebag, Johannes (Hrsg.): *Besucher aus dem Nichts*, München 1998

Fiebag, Johannes (Hrsg.): *Das UFO-Syndrom*, München 1996

Fiebag, Johannes: *Die Anderen*, München [2]1993

Fiebag, Johannes: *Kontakt*, München 1994

Fiebag, Johannes: *Sternentore*, München 1996

Fiebag, Johannes: *Von Aliens entführt*, Düsseldorf/München 1997

Fiore, Edith: *Encounters*, New York 1989

Fischer, Reinhard: *Raumfahrt der Seele*, Freiburg i. Br. 1975

Fischinger, Lars A., und Roland M. Horn: *UFO-Sekten*, Rastatt 1999

Fischinger, Lars A.: *Begleiter aus dem Universum*, Lübeck 1999

Fischinger, Lars A.: *Bevor die UFOs kamen ...*, Suhl 1998
Fischinger, Lars A.: *Götter der Sterne*, Weilersbach 1997
Fischinger, Lars A.: *Göttliche Zeiten*, Münster 1996
Fischinger, Lars A.: *Die Götter waren hier!*, Lübeck 2001
Fischinger, Lars A.: *... und dann kamen die UFOs*, Lübeck 2001
Fischinger, Lars A.: *Rendezvous der ungeklärten Phänomene* (unveröffentlichtes Manuskript)
Fischinger, Lars A.: *Unglaubliche Spuren* (unveröffentlichtes Manuskript)
Ford, Arthur: *Bericht vom Leben nach dem Tode*, Bern/München [8]1976
Fowler, Raymond E.: *Der Fall Andreasson*, Reifenberg 1995
Fowler, Raymond E.: *Die Allagash-Entführungen*, Reifenberg 1995
Fowler, Raymond E.: *Die Wächter*, Bergisch Gladbach [2]1994
Fowler, Raymond E.: *Die Wächter II*, Reifenberg 1996
Freitag, Erhard F.: *Kraftzentrale Unterbewusstsein*, München 1986
Fremantle, Francesca, und Chögyam Trungpa (Hrsg.): *Das Totenbuch der Tibeter*, München [14]1991
Fuller, John G: *Die unterbrochene Reise*, Rottenburg 1996
Gallup, George: *Begegnungen mit der Unsterblichkeit*, München 1983
Geheimnisse des Unbekannten: Wahrsagungen und Prophezeiungen, Amsterdam 1990
Geheimnisse des Unbekannten: Unerklärliche Begegnungen, Amsterdam 1991
Geheimnisvolle Erscheinungen, Rastatt 1995
Geheimnisvolle Phänomene, Rastatt 1999
Gehring, Heiner: *Einblicke in die Innere Erde*, Suhl 1997
Glasenapp, Helmuth von: *Die fünf Weltreligionen*, München 1996
Glaubensverkündung für Erwachsene, hrsg. von den Bischöfen der Niederlande, Freiburg i. Br. 1969

Grabinski, Bruno: *Was wissen wir vom Jenseits?*, München 1950

Green, Celia, und Charles McCreery: *Apparitions*, London 1975

Greenhouse, Herbert: *The Astral Journey*, New York 1976

Grip, Göran: *Everything Exists*, Stockholm 1994

Guillon, Claude, und Yves Le Bonniec: *Gebrauchsanleitung zum Selbstmord*, Frankfurt/Main 1982

Hampe, Johann Christoph: *Sterben ist doch ganz anders*, Stuttgart/Berlin 1975

Hampe, Johann Christoph: *Was wir glauben*, Gütersloh 1977

Harris, Melvin: *Investigating the Unexplained*, Buffalo 1986

Hausdorf, Hartwig: *Rückkehr aus dem Jenseits*, München 1998

Hausdorf, Hartwig: *Das Jahrhundert der Rätsel und Phänomene*, München 1999

Heiler, Friedrich: *Die Religionen der Menschheit*, Frankfurt/Main 1984

Henning, Kurt (Hrsg.): *Jerusalemer Bibellexikon*, Neuhausen-Stuttrat [4]1998

Herlin, Hans: *PSI-Fälle*, München [4]1976

Högl, Stefan: *Leben nach dem Tod?*, Rastatt 1998

Höhne, Anita: *Die Propheten unter uns*, Ulm 1985

Holbe, Rainer: *Bilder aus dem Reich der Toten*, München 1987

Holbe, Rainer: *Ein Toter spielt Schach*, München 1988

Holbe, Rainer: *Neue Phantastische Phänomene*, München 1994

Holbe, Rainer: *Phantastische Phänomene*, München 1993

Holzapfel, Otto: *Lexikon der abendländischen Mythologie*, Freiburg i. Br. 1993

Holzer, Hans: *PSI-Kräfte*, München [3]1975

Hopkins, Budd: *Eindringlinge*, München 1994

Hopkins, Budd: *Entführt ins All*, München 1998

Horn, Roland M.: *Erinnerungen an Atlantis*, Lübeck 1999

Horn, Roland M.: *Geheimagenten aus der Zukunft* (unveröffentlichtes Manuskript)

Horn, Roland M.: *Sie kamen aus der Zukunft* (unveröffentlichtes Manuskript)

Horn, Roland M.: *2000 – Der große Umbruch?*, Wien/Köln 1998

Hövelmann, Kai: *Das neue Lexikon des Unerklärlichen*, Niedernhausen/Taunus 1998

Howell, F. Clark: *Der Mensch der Vorzeit*, o. O. 1969

Hundsender, Franziska: *Wotans Jünger*, München 1998

Jacobs, David M.: *Geheimes Leben*, Rottenburg 1995

Jacobsen, Nils-Olof: *Leben nach dem Tod?*, Düsseldorf/Wien o. J.

Jakoby, Bernard: *Auch du lebst ewig*, München 2000

Jebens, Holger: *Eine Bewältigung der Kolonialerfahrung*, Bonn 1990

Jeffrey, Adi-Kent Thomas: *The Bermuda Triangle*, London 1975

Jung, Carl G.: *Geheimnisvolles am Horizont*, Olten 1992

Jung, Carl G.: *Memories, Dreams, Reflections*, New York 1963

Jürgenson, Friedrich: *Sprechfunk mit Verstorbenen*, Freiburg i. Br. 1967

Kaiser, Eva Maria, und Ulrich Rausch: *Die Zeugen Jehovas*, Augsburg 1996

Kaku, Michio, und Jennifer Trainer: *Jenseits von Einstein*, Frankfurt/Main/Leipzig 1998

Kaku, Michio: *Im Hyperraum*, Reinbek bei Hamburg 1998

Kaku, Michio: *Zukunftsvisionen*, München 1998

Kardec, Allan: *Das Buch der Geister*, Freiburg i. Br. 1987

Katechismus der katholischen Kirche, München 1993

Kaufmann, Richard: *Phänomene jenseits des Verstandes*, München 1974

Keller, Werner: *Was gestern noch als Wunder galt*, München [2]1976

Kick, Russ: *Psychotropedia*, Manchester 1998

King, Francis: *Weisheit aus weiter Ferne*, Berlin 1979

Kingston, Jeremy: *Die Geistheiler*, Berlin 1987

Knoblauch, Hubert: *Berichte aus dem Jenseits*, Freiburg i. Br. 1999

Koizar, Karl Hans: *Die Erforschung des Jenseits*, Wien 1989

Krassa, Peter, und Reinhard Habeck: *Die Palmblatt-Bibliothek*, München 1993

Krassa, Peter: *Dein Schicksal ist vorherbestimmt*, München 1997

Krassa, Peter: *Der Wiedergänger*, München 1998

Krickenberg, Walter: *Altmexikanische Kulturen*, Berlin 1971

Lammer, Helmut und Marion: *Schwarze Forschungen*, München 1999

Lammer, Helmut und Marion: *Verdeckte Operationen*, München 1997

Langbein, Walter-Jörg: *Geheimnisvolles Wissen*, Rastatt 1998

Langbein, Walter-Jörg: *Magische Welten*, Rastatt 1998

Langbein, Walter-Jörg: *Parapsychologische Phänomene*, München 1997

Langbein, Walter-Jörg: *Geheimnisvolle Welten. Der 6. Sinn*, Rastatt 1997

Langelaan, Georg: *Die unheimlichen Wirklichkeiten*, München 1975

Lichtenfels, Karl L. von: *Lexikon der Prophezeiungen*, München 2000

Löbsack, Theo: *Wunder, Wahn und Wirklichkeit*, München 1978

Loerzer, Sven, und Monika Berger: *Berichte aus dem Jenseits*, Augsburg 1970

Lorenz, Friedrich: *UFOs, Ungeheuer, dunkle Mächte*, Bindlach 1995

Ludwiger, Illobrand von: *Der Stand der UFO-Forschung*, Frankfurt/Main [3]1992

Ludwiger, Illobrand von: *Unidentifizierte Flugobjekte über Europa*, München 1999

Mack, Harwood und Riley: *The World of the Unexplained*, London 1984

Mack, John E.: *Entführt von Außerirdischen*, Essen/München/Bartenstein/Venlo/Santa Fe 1994

MacKenzie, Andrew: *Hauntings and Apparitions*, London 1982

Maiwald, Stefan: *Ungelöst*, München 1999

Mann, A. T.: *Das Geheimnis der Jahrtausendwende*, München 1993

Marrs, Jim: *Das UFO-Dossier*, München 1998

Mattiesen, Emil: *Das persönliche Überleben des Todes*, Berlin 1962

Meckelburg, Ernst: *„Die Titanic wird sinken"*, München 1998

Meckelburg, Ernst: *Hyperwelt*, München 1995

Meckelburg, Ernst: *PSI-Agenten*, München 1994

Meckelburg, Ernst: *Traumsprung*, Augsburg 1993

Meckelburg, Ernst: *Wir alle sind unsterblich*, München 1997

Meckelburg, Ernst: *Zeittunnel*, München 1991

Meckelburg, Ernst: *Jenseits der Ewigkeit*, München 2000

Mitchell, J., und R. J. M. Rickard: *Die Welt steckt voller Wunder*, Düsseldorf 1977

Monroe, Robert A.: *Der Mann mit den zwei Leben*, Interlaken 1981

Moody, Raymond A., und Paul Perry: *Blick hinter den Spiegel*, München 1996

Moody, Raymond A., und Paul Perry: *Leben vor dem Leben*, Augsburg 1999

Moody, Raymond A.: *Das Licht von drüben*, Reinbek bei Hamburg 1999

Moody, Raymond A.: *Leben nach dem Tod*, Reinbek bei Hamburg ²1998

Moody, Raymond A.: *Nachgedanken über das Leben nach dem Tod*, Reinbek bei Hamburg 1997

Moraldi, Luigi: *Nach dem Tode*, Zürich/Köln 1987

Morse, Melvin, und Paul Perry: *Verwandelt im Licht*, München 1994

Morse, Melvin, und Paul Perry: *Zum Licht*, München 1994

Moser, Fanny: *Spuk*, Frankfurt/Main 1980

Mühlbauer, Josef: *Jenseits des Sterbens*, Bonn [8]1985

Muldoon, Sylvan J., und Hereward Carrington: *The Projection of the Astral Body*, London 1969

Mysterien und Wunder, Rastatt [2]1993

Nack, Emil: *Götter, Helden und Dämonen*, Wien/Heidelberg 1980

Nack, Emil: *Ägypten*, Wien 1996

Nah-Todeserfahrungen. Rückkehr zum Leben, Flensburg 1995

Netherton, Morris: *Bericht vom Leben vor dem Leben*, Berlin [3]1990

Neumann, Erich: *Kulturentwicklung und Religion*, Frankfurt/Main 1978

Nolan, Ray: *Die Siebte Offenbarung*, München [2]1998

Passian, Rudolf: *Wiedergeburt*, München 1985

Penfield, Wilder: *The Mystery of the Mind*, Princeton 1875

Pope, Nick: *Die UFO-Akte*, München 1998

Preisinger, Michael: *Das Bermuda Rätsel gelöst*, München 1997

PSI-Phänomene, Rastatt [2]1993

Raab, Wladislaw: *Unheimliche Begegnungen*, Suhl 1997

Rätsel unserer Welt: Geister und Phantome, Erlangen 1996

Rätsel unserer Welt: Übersinnliche Kräfte, Erlangen 1996

Raudive, Konstantin: *Überleben wir den Tod?*, Remagen 1973

Raudive, Konstantin: *Unhörbares wird hörbar*, Remagen 1968

Rhine, Louisa E.: *PSI – was ist das?*, München 1979

Rießler, Paul: *Altjüdisches Schrifttum außerhalb der Bibel*, Freiburg i. Br./Heidelberg [6]1988

Ring, Kenneth: *The Omega Project*, New York 1992

Risi, Armin: *Gott und die Götter*, Zürich/Berlin 1995

Risi, Armin: *Unsichtbare Welten*, Zürich/Berlin 1998

Ritter, Annett und Thomas: *Dem Schicksal auf der Spur*, Suhl [3]1999

Roberts, Jane: *Das Seth-Material*, Genf 1986

Roberts, Jane: *Gespräche mit Seth*, Genf 1979

250

Roberts, Jane: *Seths letzte Botschaft*, Freiburg i. Br. 1999

Robinson, Lytle W.: *Rückschau und Prophezeiungen*, München 1979

Rogo, D. Scott, und Raymond Bayless: *Phone Calls from the Dead*, London 1980

Ryzl, Milan: *Parapsychologie*, Genf 1969

Schäfer, Hildegard: *Stimmen aus einer anderen Welt*, Freiburg i. Br. 1978

Schmidt, Karl O.: *Das abendländische Totenbuch*, Bd. 1, Hammelburg ³1990

Schmidt, Karl O.: *Das abendländische Totenbuch*, Bd. 2, Hammelburg ⁶1992

Senkowski, Ernst: *Instrumentelle Transkommunikation*, Frankfurt/Main ⁵1990

Sheldrake, Rupert: *Das Schöpferische Universum*, Berlin ⁴1998

Sherman, Harold: *Außersinnliche Kräfte*, München ⁴1986

Siliato, Maria Grazia: *Und das Grabtuch ist doch echt*, Augsburg 1998

Spraggett, Allen: *The Case for Immortality*, Secerborough 1975

Stadelmann, Rainer: *Die ägyptischen Pyramiden*, Darmstadt 1991

Steiner, Rudolf (hrsg. v. Frank Teichmann): *Das Leben nach dem Tod*, Stuttgart ³1993

Stevenson, Ian: *Xenoglossy*, Charlottesville 1974

Stevenson, Ian: *Twenty Case Suggestive of Reincarnation*, New York 1966

Stingl, Miloslav: *Das Reich der Inka*, Augsburg 1996

Sunn, Frank: *666. Die Zahl des Tieres im Internet*, München 1999

Sünner, Rüdiger: *Schwarze Sonne*, Freiburg i. Br. 1999

Talbot, Michael: *Jenseits der Quanten*, München 1990

Tatford, Frederick A.: *Prophetie und die Zukunft der Welt*, Wetzlar 1969

Tattersall, Ian: *Neandertaler*, Basel 1999

Thompson, Richard L.: *Begegnungen mit Außerirdischen*, München/Essen/Reichenau 1997

Tributsch, Helmut: *Als die Berge noch Flügel hatten*, Berlin 1996

Tributsch, Helmut: *Das Rätsel der Götter*, Berlin 1996

Tully, Mark: *Jesus. Prophet, Messias, Rebell?*, Köln 1997

Turner, Karla: *Eingriff*, Rottenburg 1996

Tyrrell, G. N. M.: *Apparitions*, London 1943

Vallée, Jacques: *Dimensionen*, München 1996

Vallée, Jacques: *Enthüllungen*, München 1997

Vallée, Jacques: *Konfrontationen*, München 1996

Von Geistern und Gespenstern, Rastatt ²1993

Valentin, Gasper Müller: *Lexikon der Sekten, Sondergruppen und Weltanschauungen*, Freiburg i. Br. 1990

Vyse, Stuart A.: *Die Psychologie des Aberglaubens*, Basel 1999

Walter, Werner: *UFOs. Die Wahrheit*, Schindelligi 1996

Watson, Lyall: *Geheimes Wissen*, Frankfurt/Main 1978

Watson, Lyall: *Die Grenzbereiche des Lebens*, Frankfurt/Main 1978

Westphal, Wilfried: *Die Maya*, Bindlach 1991

Wickland, Carl: *Dreißig Jahre unter den Toten*, Darmstadt ²1957

Wilson, Katharina: *Tagebuch einer Entführung. Ergänzendes Material*, Rottenburg 1996

Wilson, Katharina: *Tagebuch einer Entführung*, Rottenburg 1996

Wollsperger, Bernd: *Geheime Invasion. Die Masken der Fremden*, Lübeck 1998

Woltersdorf, Hans W.: *PSI ist ganz anders*, München 1977

York, Ute: *Eine Reise zu den indischen Palmblattbibliotheken*, München 1995

Zürrer, Roland: *Reinkarnation*, Zürich 1994

Artikel und Zeitungsmeldungen etc. sind nur als Anmerkungen angeführt.

Über den Autor

Lars A. Fischinger, geboren 1974, beschäftigt sich seit seiner Kindheit mit Themen der UFO-Forschung, Thesen der „Astronauten der Vorzeit" sowie allen Bereichen der Parapsychologie. Hierzu publizierte er zahlreiche Artikel in einschlägigen Fachzeitschriften und Magazinen und hielt Vorträge und Seminare.

Er ist außerdem Mitglied der Forschungsgesellschaft für Archäologie, Astronautik und SETI (A.A.S.), der Ancient Culture Research Society (ACRS), des Independet Alien Network (IAN) und Gründungsmitglied der Wissenschaftlichen Gesellschaft zur Erforschung parapsychologischer Phänomene e.V. (ParaWiGe). Darüber hinaus ist Fischinger als freier Mitarbeiter einer Reihe von Fachmagazinen und als verantwortlicher Autor und Redakteur für den Bereich „Parawissenschaft" beim bekannten Internetanbieter freenet.de tätig. Er veröffentlichte bislang die Bücher *Göttliche Zeiten, Götter der Sterne, Bevor die UFOs kamen ..., UFO-Sekten* (mit Roland M. Horn), *Begleiter aus dem Universum, ... und dann kamen die UFOs* und *Die Götter waren hier!*, die in mehrere Fremdsprachen übersetzt wurden.

E-Mail: fischinger@alien.de
www.alien.de/fischinger und
www.meome.de/para

Abdrucknachweis

Ian Currie, Niemand stirbt für alle Zeit; © 2000 Orbis Verlag,
  München
Mike Dash, X Phänomene; © 1997 Bettendorf Verlag, Essen
Viktor Farkas, Unerklärliche Phänomene; © 1997 Bechtermünz
  Verlag, Augsburg
Hartwig Hausdorf, Das Jahrhundert der Rätsel und Phänomene;
  © 1985 Knaur Verlag, München
Stefan Högl: Leben nach dem Tod?; © 1998 Moewig Verlag, Rastatt
Katechismus der katholische Kirche; © 1993 Oldenbourg Verlag, Wien
Ernst Meckelburg, Traumsprung; © 1993 Weltbild Verlag, Augsburg
Ernst Meckelburg, Wir alle sind unsterblich; © 1997 Langen Müller
  Verlag, München
Robert A. Monroe, Der Mann mit den zwei Leben; © 1981 Ansata
  Verlag, Interlaken
Raymond A. Moody: Leben nach dem Tod; © 1998 Rowohlt Verlag,
  Reinbek bei Hamburg
Raymond A. Moody u. Paul Perry, Leben vor dem Leben; © 1999
  Rowohlt Verlag, Reinbek bei Hamburg
Melvin Morse u. Paul Perry, Verwandelt im Licht; © 1994 Knaur
  Verlag, München
Josef Mühlbauer, Jenseits des Sterbens; © 1985 News Service Verlag,
  Bonn
Morris Netherton, Bericht vom Leben vor dem Leben; © 1990 Ullstein
  Verlag, Berlin
Karl O. Schmidt, Das abendländische Totenbuch, Band 1 & 2;
  © 1990/93 Drei Eichen Verlag, Hammelburg
Michael Talbot, Jenseits der Quanten; © 1990 Heyne Verlag, München
Roland Zürrer, Reinkarnation; © 2000 Govinda Verlag, Neuhausen

Alexa Kriele
Die Engel geben Antwort
auf Fragen nach dem Sinn des Lebens

272 Seiten, Gebunden mit Schutzumschlag
ISBN 3-7205-2350-0

Alexa Kriele, die bekannte Engel-Dolmetscherin,
deren Tetralogie »Wie im Himmel, so auf Erden«
begeisterten Zuspruch findet, stellt in ihrem Buch neue
Botschaften der Engel vor. Die himmlischen Helfer
geben erhellende und erstaunliche Antworten
auf die schwierige Frage nach dem Sinn
des Lebens und der Schöpfung.

KAILASH

Jess Stearn
Der schlafende Prophet
Edgar Cayces Prophezeiungen in Trance

352 Seiten, Pappband
ISBN 3-7205-2083-8

Edgar Cayce (1877-1945), der unter dem
Namen der »Schlafende Prophet« bekannt geworden
ist, gilt bis heute als einer der größten Geistheiler,
bedeutendsten Mystiker und Propheten. Jess Stearn,
der Cayce persönlich kannte, beschreibt das
Leben, Denken und Wirken dieses gläubigen
Menschen, der seine außerordentliche Gabe
einsetzte, um Menschen zu helfen.

KAILASH